숙고할 시간을 가져라.
그러나 행동할 때가 오면 생각을 멈추고 뛰어들어라.

나폴레옹

한 사람의 행동은
그 사람의 생각을 설명해 주는 가장 좋은 바로미터다.
존 로크

행동이 반드시 행복을 가져다주지는 않을지라도
행동 없는 행복이란 없다.
윌리엄 제임스

잘할 수 없다고 생각하면서
아예 시도조차 하지 않는 것만큼 큰 실수는 없다.
에드먼드 버크

**가서, 만나고,
이야기하라**

내 삶에 변화를 끌어내는 핵심 전략

가서, 만나고, 이야기하라

펴낸날 2022년 2월 25일 1판 1쇄

지은이_배정환
펴낸이_김영선
책임교정_정아영
교정교열_이교숙, 남은영, 이라야
경영지원_최은정
디자인_바이텍스트
마케팅_신용천

펴낸곳 (주)다빈치하우스-미디어숲
주소 경기도 고양시 일산서구 고양대로632번길 60, 207호
전화 (02) 323-7234
팩스 (02) 323-0253
홈페이지 www.mfbook.co.kr
이메일 dhhard@naver.com (원고투고)
출판등록번호 제 2-2767호

값 15,800원
ISBN 979-11-5874-139-6 (03320)

내 삶에 변화를 끌어내는 핵심 전략

가서
만나고
이야기하라

배정환 지음

GO MEET TALK

미디어숲

'가, 만, 이'
정신

늦은 시간에 팀장으로부터 전화가 왔습니다. 팀원 구성이 어려워 답답하다는 하소연이었습니다. 본인 주변에는 좋은 고객, 좋은 사람, 좋은 인연들이 너무 없다는 말을 여러 번 하더군요. 그래서 이렇게 조언을 해 주었습니다.

"좋은 사람이 찾아오길 기다리지 마세요. 좋은 사람은 생기는 게 아니라 만드는 겁니다. '가, 만, 이' 정신으로 하면 됩니다. '가서, 만나고, 이야기하라.' 기다리지 말고 먼저 움직이면 됩니다."

이 책은 '평범하지만, 실제 삶의 현장에서 발로 뛴, 살아있는 내 경험이 누군가에게 뭔가를 시작할 동기를 줄 수 있지 않을까?' 하는 생각에서 출발했습니다. 기업체 등에서 강연활동이나 많은 상담 경험을 통해 사람의 마음을 움직이게 하는 것은 '실제 경험 이야기'라는 것을 알았습니다. 그리고 그 경험 속에는 늘 '사람'이 주인공이 됩니다. 모든 성공의 공식은 결국 '사람'입니다.

좋은 사람을 만난 것만으로도 이미 성공의 근처에 다다른 셈입니다. 하지만 뭔가 부족한 게 있습니다. 바로 '행동'입니다.

저는 책을 읽고도 읽기 전과 달라지는 것이 없는 사람들에게 "가서, 만나고, 이야기하라."라고 말해 주고 싶습니다. 이것이 '가, 만, 이 정신'입니다. 이것저것 따지고 재보기만 하는 것이 아니라 불확실해도 일단 행동하는 것입니다. 행동이 이어지다 보면 그 속에서 새로운 변화의 동기와 방향, 결과를 찾을 수 있습니다.

'가.만.이'는 나의 멘토가 알려 준 것입니다. 일이 풀리지 않아 고민하는 사람들에게 항상 '가서, 만나고, 이야기해 보라.'는 간단한 해답을 알려 주었습니다. 일단 행동하라는 가르침은 문제 해결에 큰 도움이 됩니다.

사람들의 뇌는 팔로워 성향이 있다고 합니다. 그래서 수동적입니다. 주변에 누군가가 능동적으로 다가오면 대개는 받아들입니다. 내가 능동적으로 '가,만,이' 정신을 실천하면 누구든 친구가 되고, 고객이 되고, 인연이 될 수 있습니다. 누군가 다가오기를 기다리는 사람은 좋은 사람을 만날 확률이 높지 않습니다. 먼저 다가서 보세요. 내게 맞는 사람, 좋은 사람을 선택할 수 있습니다. 많은 사람에게 다가가기만 하면 됩니다. 그곳엔 늘 좋은 사람이 당신을 기다리고 있을 겁니다.

매켄지의 경영전략연구가인 리처드 파스케일은 "성인은 생각을 통해서 새로운 행동방식을 얻는 것이 아니라, 행동을 통해서 새로운 사고방식을 얻는다."라고 했습니다. 허미니아 아이바라 교수는 『아웃사이트』에서 행동으로 이어진 외적 통찰력에서 배우라고 강조합니다. 과도한 계획보다는 행동이 먼저라는 말입니다.

앤서니 라빈스가 쓴 『네 안에 잠든 거인을 깨워라』를 보면 행동을 유발하는 요인으로 크게 두 가지를 꼽습니다. 첫째는 행동했을 때 얻는 행복과 성취감이 자신이 원하는 것과 일치할 때입니다. 둘째는 행동하지 않았을 때 오는 고통을 감당하기 어려울 때입니다.

우리가 행동하는 이유는 관심과 고통의 균형을 맞추려 하기 때문입니다. 행동하는 사람들은 내면에 필요와 이유가 있는 사람들입니다. 행동하지 않는다는 것은 그런 것들이 부족하다는 말입니다. 그런데 행동을 해도 결과가 나오지 않는다고 힘들어하는 사람들에게 나는 이렇게 말합니다.

"정말 자신에게 꼭 필요한가?"
"정말 해야만 하는 이유가 명확한가?"

똑같은 말이라도 억지로 불려가서 들으면 잔소리가 되고, 스스로 찾아가서 요구하면 조언이 됩니다. 핵심은 '스스로 필요에 따라서 움직였느냐'의 차이입니다. 세상에 가장 상대하기 어려운 사람은 자존심을 세우는 사람입니다. 가장 편한 사람은 진솔한 사람입니다. 간절하다는 것은 진솔해진다는 것입니다. 자신에게, 자기 일에, 원하는 목표에, 사랑하는 사람들에게 진실한 모습을 보여야 합니다. 그때 비로소 마음이 움직이기 때문입니다.

가슴 떨림을 느꼈고, 나에게 주는 의미를 잘 찾았다면 우리는 자연스럽게 행동할 것입니다. 비록 작은 걸음일지라도 일단 움직입니다. 끊임없이 배우고, 느끼고, 내 것으로 만들다 보면 행동은 다른 행동으로 이어지고, 생각지도 못한 더 큰 성공으로 다가설 것입니다. 그래서 이 책은 나의 작은 이야기와, '누구나 할 수 있다. 다른 사람도 했다면 나도 할 수 있다.'라는 메시지를 통해서 머리에 있던 지식이 가슴으로 내려오기를 바라는 마음으로 쓴 글입니다. 만약 다양한 지식을 원한다면 다른 책을 찾아 배워야 합니다. 이 책은 지식을 전하기 위한 것이 아니니까요.

책 속의 이야기는 어떤 한 분야에서만 통하는 것이 아닙니다. 누구나 자기가 속한 분야에 적용할 수 있는 이야기들입니다. 잘 활용한다면 성장이나 성공은 어느 곳에서나 가능합니다. 그 시작을 독자 여러분과 함께하기를 기원합니다.

저자 배정환

당신이 원하는 모든 것은 당신으로부터 부름을 받기만 기다리고 있다.
당신이 원하는 모든 것들도 당신을 원하고 있다.
그것을 얻으려면 단지 행동을 하면 된다.

줄스 레나드

☑️ **차례**

PART 1

가라_
일단 문밖으로 나가라

PART 4

자세를 만들라_
힘은 자세에서 나온다

PART 5

브랜딩하라_
숨은 잠재력을 노출하라

만날 사람이 없는 것이 아니라 스스로 먼저 움직이지 않기 때문에
주변에 사람이 없다는 걸 안다면 우리는 좀 더 적극적으로 바뀔 수 있습니다.
어떤 일을 하든 항상 같은 자리에 있으면 언젠가는 주목을 받을 것입니다.
불규칙적으로 방문하는 사람은 그냥 스쳐가는 고객일 뿐입니다.
매일 올리는 블로그 글이 사소하지만 큰 힘을 갖는 이유입니다

PART 1

---·---

가라_
일단 문밖으로 나가라

어떤 일을 시작하려면 일단 문을 열고 어디든 가야 합니다. 친구에게 전화해도 좋고, 단골집에 가서 놀아도 좋습니다. 누군가를 만나기 위해서는 어디든 발걸음을 떼어야 하죠. 갈 곳이 없으면 집 앞 카페라도 출근하듯이 나갑니다. 그래야 어떤 일이라도 만들어서 하게 됩니다.

일을 잘하는 사람은 자신이 움직이도록 약속을 만들어 놓습니다. 이들은 약속이 없을 때도 움직입니다. 특별한 상황이 생기기 전에 나를 움직이게 만드는 것은 힘든 과정입니다. 그러니 여러 고민할 것 없이 무조건 집에서 나와야 합니다. 나오면 무슨 일이든 시작하게 됩니다.

직장을 다니면서 새로운 준비를 원하는 사람들은 일단 퇴근하고 집으로 들어갈 생각을 접으십시오. 들어가기 전에 누구든 만날 생각부터 해 봅니다. 사람들을 만나야 정보를 얻고 원하는 것을 이야기할 기회가 찾아오기 때문입니다. 자신이 하고자 하는 목표가 있다면 말할 것도 없습니다. 배우러 가든, 만나러 가든, 물건을 팔러 가든 목적이 있는 곳으로 나가야 합니다.

'가라!'는 말은 '행동'을 시작하란 말입니다. 우리는 일단 시작해야 합니다. 결과를 내지 못하는 대부분 사람은 시작하기를 망설입니다. 제대로, 거창하게, 인정받을 만한 시작을 꿈꾸기 때문에 첫 발을 내밀지 못하는 것입니다. 하지만 아무도 우리에게 신경 쓰지 않습니다. 심리학에서 말하는 '조명효과'를 아신다면 이해가 빠를 겁니다.

'조명효과'는 미국 코넬 대학교의 사회심리학자 토머스 길로비치 Thomas Gilovich가 제안한 심리학 이론으로, 사람들이 언제나 자신을 무대 위에서 스포트라이트를 받는 배우나 연예인처럼 누군가에게 평가받고 있다고 여기는 경향을 말합니다. 하지만 실제는 그렇지 않다는 걸 아실 겁니다. 타인은 조금도 나에게 관심이 없습니다.

이런 생각은 뇌가 만들어낸 과장된 걱정입니다. 우리도 타인에게 큰 관심이 없습니다. 심지어 좀 전에 만난 거래처 사람과 1시간 가까이 이야기를 했지만 그가 어떤 넥타이를 매고 나왔는지 기억조차 못하는 사람이 태반입니다. 누가 우리에게 그렇게 관심을 가질까요? 우리가 아무리 다이어트를 한다고 외쳐도 주변 사람들은 우리에게 그렇게 관심이 없습니다. 자기 일에 너무 바쁩니다. 어느 날 문득 살 빠진 나의 모습을 보고 깜짝 놀랄 뿐입니다. 주변 사람만 의식하지 않아도 우리는 지금보다 두 배는 더 적극적으로 행동할 수 있습니다.

'시작하기'는 오직 나만의 문제입니다. 그냥 시작하면 됩니다. 가야 할 곳이 있다면 가면 됩니다. 연락할 사람이 있다면 지금 바로 전화를 걸면 됩니다. 배우고 싶은 것이 있다면 전화해서 알아보면 됩니다. 그래야 다음 산이 보입니다.

대부분 성공한 사람들은 결단이 빠릅니다. 그 말은 시작이 빠르다는 말입니다. 특히 시대가 이렇게 급변하는 상황에서는 리더에게 더욱 필요한 부분입니다. 일단 시작하는 정신은 성공에 있어서 매우 중요합니다. 완벽하게 갖추고 시작하는 사람은 없습니다. 불완전해도 일단 한 발 나아가야 다음 발걸음을 어디에 두어야 할지 결정할 수 있습니다. 성공은 장기전입니다. 목적과 방향이 어느 정도 세워지면 일단 출발해 보는 것입니다.

시작하기 어려운 이유 중 하나는 계획을 세워야 하기 때문입니다. 계획은 적당히 세우기를 권합니다. 해 보지 않은 일에 대해 완벽한 계획이란 없습니다. 사람은 뇌 구조상 뭔가를 하면서 배우게 되어 있습니다. 일단 나가서 부딪치면 미처 몰랐던 장단점을 알아가게 됩니다. 정말 더 좋아질 수도 있고 생각만큼은 아닐 수도 있습니다. 그 경험을 바탕으로 다른 일을 찾을 수도 있을 겁니다. 그렇게 몇 번의 경험이 모여서 처음에는 생각지도 못했던 새로운 일을 찾을 수 있습니다. 그것은 시작하는 사람들만이 알 수 있습니다. 행동하는 삶이 우리를 성장시킵니다.

우리가 하는 일에서 일생일대 딱 한 번의 기회는 별로 없습니다. 대부분 실수하면 다시 해도 되는 일들이 많습니다. 제가 만난 많은 사람은 시작하기를 두려워하고 기다리고만 있었습니다. 준비되면 하겠다는 분들도 많았습니다. 하지만 그 기회는 시간이 아무리 지나도 찾아오지 않습니다. 지금이 바로 시작할 때, 행동할 때입니다.

· 가라 ·
생각하지 말고 행동하라

일을 시작할 때 대체로 생각을 많이 합니다. 여행이라면 준비하는 과정에서부터 가슴이 설렙니다. 하지만 반드시 좋은 결과를 내야 하는 일이라면 어떨까요? 극심한 스트레스와 두려움이 찾아옵니다. 니체도 "시작하기에 시작된다."라고 말했습니다. 그러니 그냥 잘될 것이라는 막연한 생각으로 무조건 시작해야 합니다. 긍정적으로 상상하기 어렵다면 일단 시작하고 생각하는 것이 더욱 도움이 됩니다. 사실 아무리 만반의 계획을 세워도 한 번도 가 보지 않은 길은 반드시 문제가 생기게 마련입니다.

거래처와의 협상에 좋은 성과를 내기 위해 방문 전 전략을 세웠습니다. 세부계획과 일정도 잡았습니다. 그런데 거래처에 방문하기로 한 날 팀원이 이렇게 묻습니다.

"간다고 무슨 결과가 있을까요?"

나는 무심하게 대답했습니다.

"그건 가 봐야 알죠."

"그냥 이렇게 갔다가 상대를 못 만나거나 프레젠테이션 기회마저 못 얻으면 어쩌죠?"

"일단 우리에게 필요한 것은 가는 겁니다. 다른 생각은 하지 마세요!"

나는 조금 단호하게 말했습니다.

"네? 생각하지 말라고요?"

그는 의아한 듯이 되물었습니다.

"가서 어떻게 해야 하는지 계획도 세우고, 문제점도 예상해야 하는데 생각을 하지 말라니요? 무슨 말씀을 하시는지 모르겠습니다."

"일단 계획은 같이 세웠잖아요. 이제 우리가 할 일은 행동하는 겁니다. 이 시점에서 자꾸 생각해 봐야 답은 없어요. 이제 직접 부딪쳐 봐야 아는 것들입니다. 안 해 보고 알면 얼마나 좋겠어요. 생각을 많이 하면 행동의 발목을 잡습니다."

"그래도 생각 없이 행동하란 말은 좀 이상한데요."

"지금 상황을 잘 보세요. 생각이 행동을 가로막고 있잖아요. 생각의 대부분은 걱정입니다. 생각이 많으면 손발이 안 움직여요. 100미터를 뛰는 선수는 생각을 안 해요. 오로지 결승점을 통과할 목표만 보죠. 다른 경우의 수는 그동안 연습해 온 본능대로 결정됩니다."

우리는 일찌감치 약속장소에 도착했습니다. 하지만 생각했던 대로 일이 잘 진행되지 않았습니다. 동료는 불안해하기 시작했습니다.

"이젠 어쩌죠?"

"자, 이제 진짜 생각을 해야 할 때네요. 주변을 잘 보세요. 다른 사람들이 얼마든지 있어요. 여기 와 보지 않으면 모르는 것들이 보입니다. 이게 생각하지 않고 일단 행동하는 사람들이 얻는 기회죠."

계획을 철저히 세웠던 우리는 사무실에 도착하자마자 변수를 만났습니다. 아무리 멋지고 그럴듯한 계획이라도 무용지물이 된 셈이죠. 하지만 좌절하지 않았습니다. 이때부터 생각하면 또 새로운 답이 나올 테니까요. 실제로 오늘 만나려고 했던 사람이 아닌 제3의 인물과 대화할 기회가 생겼습니다. 그리고 의외의 좋은 결과를 얻어서 돌아올 수 있었습니다.

돌아오는 길에 그가 물었습니다.

"다른 결과가 생길 것을 어떻게 아셨어요?"

"사람들은 결과를 예측하려고 해요. 하지만 생각을 많이 하면 할수록 움직이지 못하죠. 그럴 땐 입체적으로 생각해 보는 겁니다. 한 사람만 보는 것이 아니라 우연히 연속적으로 벌어질 사건, 만나게 될 사람들을 고려해 보는 겁니다. 자꾸 해 보면 그런 직관이 생기더군요. 우리에게 필요한 건 상상력입니다. 상상력은 어떤 분야에서든 필요한 일입니다. 사람들과 사건을 이어서 앞으로 벌어질 일을 긍정적으로 상상해 보는 겁니다. 그런데 해 보지 않은 사람은 사실 여기까지 생각하는 게 쉽지는 않아요. 그래서 생각하지 말라고 한 겁니다. 어차피 생각해 봐야 두려움과 부정적인 마음만 싹트거든요. 우리는 일단 가서 상황에 맞춰 행동하면 됩니다. 그게 뭔지는 몰라요. 가 봐야 아는 것이니까요."

"아. 그렇군요."

"그냥 나를 믿는 겁니다. 그동안 연습하고 준비했던 것을 다른 사람, 다른 상황에서도 충분히 발휘할 수 있을 거란 믿음이죠."

"그래서 평소에 연습이 필요하겠네요."

"사람들은 결과가 좋으면 행복해하고 결과가 나쁘면 우울해합니다. 중요한 것은 그런 결과가 나오기까지 어떤 믿음을 갖고 행동을 했느냐 하는 것입니다. 오늘은 일단 가서, 만나고, 이야기하는 것이 중요합니다. 결과는 오늘이 아니라도 반드시 나오게 마련이니까요."

『왜 일하는가』에서 이나모리 가즈오는 말합니다.

"5년 후의 계획은 세울 필요가 없다. 1년에서 3년 정도의 계획만 세운다." 시장은 너무나 빨리 변하고 변수가 많기 때문에 큰 그림만 그리고, 세세한 장기 계획은 세우지 않는다는 말입니다. 그때그때 상황에 맞추어서 나가는 것입니다. 사실 완벽한 계획을 세워야만 가능한 일은 세상에 없다고 보는 것이 맞습니다. 항상 수정해야 하는 상황이 벌어집니다. 그건 누구의 잘못도 아닙니다. 실수란 성공으로 가는 길목에 항상 존재하는 것이라 인정하고 바로 다시 시작하면 됩니다. 해 보지 않은 일은 결코 예측할 수 없습니다. 그러니 우리는 어느 정도 계획이 세워지면 바로 행동해야 합니다. 그러면서 배우는 것입니다.

토니 로즈의 『다크호스』에서는 '목표를 버리라'라고까지 말합니다. 자기가 할 수 있는 일에 최선을 다하면 다음 단계가 보이기 시작한다는 것이죠. 가는 길을 돌아가게 되더라도 결국은 원하는 곳에 가게 됩니다. 즉, 너무 먼 목표물만 바라보지 말고, 현재 가고자 하는 곳을 명확하게 정한 뒤, 어떤 수단과 길을 선택할 것인지는 그때그때 상황에 따라 변화할 가능성을 염두에 두어야 합니다. 적당히 플랜B를 세우는 것도 하나의 방법입니다. 하지만 모든 예외의 경우를 예측할 수는 없습니다. 일이란 한발 한발 나아가면서 맞이하는 상황들을 하나하나 처리해 나가는 것입니다. 이때는 수많은 경험에 의존하기도 합니다. 그래서 경험이 가장 큰 재산이 됩니다. 연습도 하나의 간접경험입니다.

우리는 어떤 일을 할 때 직관력으로 처리할 때가 많습니다. 직관력은 많은 경험에서 나오고 경험은 시행착오에서 얻어집니다. 그리고 시행착오는 행동에서 시작됩니다. 일단 시작하지 않으면 어떤 직관력도 생기지 않습니다. 한 분야에서 오래 일을 한 사람들은 말로 설명하기 힘든 직관력을 갖고 있습니다. 이들은 뛰어난 직관력으로 일을 처리해 늘 수준 높은 성과를 냅니다. 이들이 어떻게 이런 성과를 내는지 그 이유를 알고 싶으면 같이 뛰어 보고 행동하는 것이 가장 좋은 방법입니다.

주변에서 성과를 내지 못해서 고민하는 대부분 사람을 관찰해 보면 행동하지 않는 경우가 대부분입니다. 다르게 이야기하면 너무 똑똑해서 그렇습니다. 머리를 굴려 한 수, 두 수 앞까지 미리 내다보는 것이죠. 그렇게 고민만 하다 보면 행동하지 않는 것이 낫다는 결론에 이르기도 합니다. 그들과 이야기해 보면 나름의 이유들이 다 있습니다. 하지만 결과를 낸 사람들도 그런 이유는 다 있습니다. 그러니 핑계를 찾기보다는 일단 행동해야 합니다.

One Point Pick !
미래를 예측하는 가장 좋은 방법은 일단 먼저 행동해 보는 것이다.

· 가라 ·
새로운 사람을 만나라

지금 막 새로운 목표를 세웠거나 다른 삶을 꿈꾼다면 바꿔야 할 것이 하나 있습니다. 현재에 만족하는 나의 마음입니다. 그중에서도 특히 지금 내가 만나는 사람들입니다. 만약 지금까지와는 전혀 다른 일, 새로운 성과를 원한다면 현재의 인적자산으로는 불가능합니다. 우리는 지금 만나고 있는 사람이 만들어낸 환경 속에서만 생각하고 행동할 확률이 매우 높기 때문입니다.

지인의 영업장에서 이야기를 나누는데, 누군가 들어오더니 빌려간 물건이라며 뭔가를 탁자에 놓고 나갑니다. 그런데 이를 본 사장님 안색이 좋지 않습니다.

"왜요? 무슨 문제라도 있습니까?"

"방금 온 분의 어머니가 요즘 저를 피하는 것 같아요."

"왜요? 피할 이유가 있나요?"

"제가 사업적으로 몇 가지 제안을 했는데 부담스러운지 가게에 들르지도 않고 빌려 간 물건도 딸을 통해서 가져다주네요."

"너무 고민하지 마세요. 많이 바쁘신가 보죠."

"그런데 은근히 신경이 쓰이네요. 사람을 한 명 잃었나 싶기도 하고요."

"그건 그의 문제고요. 사장님이 최선을 다했으면 되는 거죠. 그걸 받아들이지 못하고 어색해하는 사람들까지 신경 쓰면 에너지 소모가 너무 큽니다."

나는 자세를 고쳐 앉은 뒤, 요즘 내가 관심 있어 하는 '던바의 수'에 대해 이야기했습니다. 많은 사람과 친하게 지내고 싶은 욕심을 내려놓게 한 개념입니다.

"호모사피엔스의 뇌 구조에는 한계가 있습니다. 적당한 친분으로 관리할 수 있는 사람은 150명 정도입니다. 이것을 '던바의 수'라고 말합니다. 우리가 실제 관리할 수 있는 사람은 100명 정도밖에 되지 않습니다. 능력이 뛰어나면 200명 정도 되겠지요. 하지만 가족, 친척, 친구들을 빼고 나면 겨우 50명에서 100명 남짓에 신경을 쓸 수 있을 겁니다. 그러니 나와 상관이 크지 않은 사람이나 중요하지 않은 사람이 멀어지는 것을 두려워할 필요가 없습니다. 그러면 진짜 나에게 필요한 사람을 만날 수 없어요. 설령 만나더라도 관리할 에너지가 부족해집니다."

사장님도 인정한다는 표시로 고개를 끄덕였습니다.

"사람 관계에 많은 에너지가 들어가는 건 맞아요. 자영업을 하면서 이런저런 사람들과 부딪치면 기운이 달려요."

"네, 그래서 원하는 일을 하려면 거기에 맞는 최선의 사람들을 새롭게 찾으셔야 합니다. 예전 일로 연관이 되었던 사람들이라면 자연스럽게 멀어지는 것도 인간관계에서 에너지 소모를 줄이는 방법입니다. 안목을 넓히고 지금 당장 같이 일할 수 있는 사람에게 에너지를 돌리세요. 친하게 지내는 사람도 좋겠지만 내 일에 맞는 새로운 사람을 찾아야 합니다."

큰 사업을 목표로 하면 좋은 인재가 필요합니다. 이때 인재를 찾아야 하느냐, 키워야 하느냐의 문제에 마주칩니다. 답은 없습니다. 둘 다 해야 합니다. 새롭게 인재를 찾는 동시에, 기존 사람들의 성장에 주의를 기울여야 합니다. 명확한 것은 사람들의 실력 차이는 반드시 존재한다는 것입니다. 내가 하는 일에 맞는 사람이 필요합니다. 그런 사람은 비교우위로 찾아낼 수 있습니다. 기준을 정해 놓고 찾는 방법도 있겠지만, 비교해서 더 나은 사람을 찾는 것이 훨씬 빠르고 쉽습니다. 그만큼 비교군이 많다면 더 좋은 인재가 나올 확률이 커집니다. 그래서 새로운 사람들과의 끊임없는 만남이 필요합니다. 내가 하고자 하는 일과 어울릴 사람을 계속 만나고 찾아야 합니다.

일을 잘하는 사람은 주변에 능력 있는 사람들이 많습니다. 일을 못 하는 사람들은 그 반대일 때가 많지요. 조던 피터슨은 『12가지 인생의 법칙』에서 "당신에게 최고의 모습을 기대하는 사람을 만나라."고 말합니다. 내가 목표를 이야기할 때 같이 지지하고 격려하는 사람을 만나야 합니다. 동참하기를 원하고 꿈이 있는 사람을 얻어야 합니다. 관심도 없고 빈정대는 사람을 만나면 시작도 하기 전에 주저앉고 맙니다.

레이 크록이 맥도날드를 창업하는 과정을 쓴 『사업을 한다는 것』 이란 책은 일본의 손정의 회장이 인생의 책으로 꼽아서 화제가 되었습니다. 그 책에서도 많은 사람과 관계가 멀어지는 과정이 나옵니다. 어차피 사업이든 우리의 인생이든 모든 사람과 끝까지 같이 가기는 힘듭니다. 중간에 멀어지는 사람은 필연적으로 나옵니다. 그래서 우리는 더 좋은 사람들을 끊임없이 찾아야 합니다. 더 좋은 사람, 더 뜻이 맞는 사람이 내가 하는 일에 동참해야 우리는 함께 성장할 수 있습니다.

One Point Pick !
편한 사람들과의 관계만 고집한다면 발전을 이루기 힘들다. 새로운 사람과의 인연을 만들어 가 보자.

· 가라 ·
누가 나의 한계를 정하는가

사람들은 자신이 할 수 있는 일과 할 수 없는 일에 대해 명확한 기준을 가지고 있습니다. 나는 얼마만큼 할 수 있는가에 대한 판단은 섣부른 결정을 내리게 합니다. 대부분 그런 판단은 근거가 없을 때가 많습니다. 왜 할 수 없다는 건지 본인도 잘 모릅니다. 설령 이유가 명확하게 있다고 하더라도 한 번 정도만 해 보고 얻어 낸 경우가 많습니다. 한 번은 행운이나 우연이 작용할 소지가 큽니다. 몇 번 해 봐야 정확한 객관적인 근거를 가질 수 있습니다.

아는 분이 새로운 고객을 만드는 일을 몹시도 어려워했습니다. 잠시 만난 자리에서도 그 애로사항을 토로했습니다.

"제가 다가서면 사람들이 자꾸 거절해요. 그래서 말 꺼내는 것조차 힘들어요."

"제가 좀 도와드릴까요?"

"어떻게요?"

나는 지도를 꺼내서 두 곳의 매장 위치를 알려 주었습니다.

"이곳에 가셔서 제가 소개해서 왔다고 하세요. 저와 아는 분들이니까 아마 잘 들어주실 겁니다. 제품 설명도 충분히 해 보세요. 좋은 분들을 소개해 주실 겁니다."

다음 날 그분이 전화를 하셨습니다. 흥분한 어조로 제가 알려 드린 매장에 찾아간 상황을 설명했습니다.

"정말 두 사장님 모두 제 이야기를 잘 들어주시고 주문서에 사인도 받았습니다. 덕분에 좋은 결과를 얻었습니다. 감사합니다."

나는 되물었습니다.

"혹시 찾아갔을 때 그분이 뭐라고 하시던가요?"

"'아~ 그분 소개로 오셨구나!' 하시면서 반겨 주시던데요. 그런데 혹시 어떻게 아시는 분이세요?"

나는 웃으며 대답해 주었습니다.

"사실은 잘 모르는 분입니다. 며칠 전에 식사하고 명함을 주고받으며 잠시 이야기를 나눈 사이일 뿐입니다."

"뭐라구요? 잘 아는 사이라면서요?"

"한 번 인사한 사이니까 모르는 사이는 아니죠."

상대는 속았다는 말을 했지만, 나를 따라 웃었습니다. 제 의도를 알아차린 것입니다. 이제 그분은 모르는 사람에게도 잘 다가서고 본인의 이야기도 잘하십니다.

그분의 문제는 자신의 한계를 미리 선을 그어 만들어 버린 것입니다. 이미 머릿속에 '처음 보는 사람은 당연히 거절할 것이다.'라는 믿음을 가지고 있었던 거죠. 누구나 자신이 가지고 있는 믿음이 있습니다. 아무리 달콤한 이야기로 어르고 달래도 그 믿음을 깨기는 쉽지 않습니다. 제가 그분에게 해드린 것은 다른 믿음을 주는 것이었습니다. 상대가 잘 받아 줄 거란 믿음, '잘 아는 사이'란 믿음이 편안하게 설명할 기회를 준 것이죠. 그리고 자신이 해낼 수 있다는 믿음의 체계로 변화시켜 주었습니다. 물론 이런 방법이 매번 성공하는 것은 아닙니다.

맥스웰 몰츠가 쓴 『맥스웰 몰츠, 성공의 법칙』에 이런 내용이 나옵니다. 부하 세일즈맨을 '속여서' 판매 실적을 올리게 한 이야기입니다. 상사는 슬럼프에 빠진 직원에게 힘을 주기 위해서 자신의 친구에게 보냈습니다. 이미 친구는 각본대로 계약해 주기로 되어 있었죠. 당연히 부하 직원은 두 건의 계약을 성공적으로 성사시켰고 '도전하면 가능하다.'는 이 믿음이 용기를 만들었습니다. 그리고 결국 그 직원은 그해에 '최고의 판매왕'을 달성했습니다. 이처럼 자신의 이미지나 잠재력을 확인하기 위한 환경을 조성해 주는 것은 매우 도움이 됩니다.

'목적 진전Purpose tremor'이란 단어가 있습니다. 목적을 위해 움직일 때 머리나 몸에서 무의식적으로 일어나는 근육의 불규칙한 운동을 말합니다. 이로 인해 어떤 목적을 가지고 행동하면 행동이 부자연스러워지고 실수를 많이 하게 됩니다. 실수하지 않으려는 마음이 더 실수를 만들어내는 겁니다. 거절당하지 않으려는 마음이 더 거절하게 만들기도 합니다. 그러한 부정적 피드백 때문에 행동의 억제가 일어나게 되는 것이죠. 거절과 실수는 어느 정도 존재한다는 것을 인정하면 마음이 편해집니다. '내 뒤에 도와줄 사람이 있다. 나의 실수를 받아 줄 회사가 있다. 나를 믿어 주는 팀이 있다.'라고 편하게 생각하면 됩니다.

사람들은 생각보다 자신이 가진 한계를 크게 생각합니다. 그 장애를 넘기만 하면 별거 아니라고 이야기하지만, 눈앞에 닥친 장애는 힘겹게 느껴집니다. 그것이 오래되면 실패도 습관이 됩니다. 이 한계를 뛰어넘는 가장 좋은 방법은 한계를 넘어선 사람들과 같이 행동하는 것입니다. 사람은 눈으로 직접 보면 그 이상의 것을 상상하게 됩니다. 눈에 보이지 않는 것을 상상을 통해서 알아내는 능력은 많은 생각을 요구하지만, 이미 눈으로 봤던 것을 조합하는 것은 어렵지 않습니다. 그러니 혼자 하지 말고 경험이 많은 분들의 조언을 들으며 같이 하기를 추천합니다. 일정 수준까지 많이 해 보면 진짜 평균치를 알 수 있습니다. 그것이 자신의 수준입니다. 못하는 것도, 잘

하는 것도 많이 해 보고 얻은 결과를 통해 포기할지, 무엇을 발전시켜야 할지 찾을 수 있습니다.

'다른 사람도 할 수 있다면 나도 할 수 있다'는 생각의 전환을 해 보세요. 사람들의 능력 차이는 생각보다 크지 않습니다. 그 차이는 조금의 노력으로 충분히 만회할 수 있는 경우가 대부분입니다. 믿음이 잘 생기지 않는다면 생각을 많이 하기보다는 정해진 훈련을 더 열심히 하기를 추천합니다.

One Point Pick !
메타인지는 익숙한 것은 안다고, 할 수 있다고 착각하는 특성이 있으니 원하는 일이 익숙하고 자연스러워지도록 훈련해 보자.

· 가라 ·
더 간절하게, 더 생생하게 꿈을 느껴라

성공하는 사람과 실패하는 사람을 가르는 기준은 '간절함'입니다. 원하는 것이 있을 때 깊이 파고들면 그 안에는 생생함이 숨어 있습니다. 머리로만 원하는 것이 아니라 가슴으로 원하는 것을 느낄 수 있습니다. '그런 마음일 것이다.'라고 생각하는 것보다 '맞아, 그런 마음이었어.'가 더 강한 행동력을 만듭니다.

언젠가 월 목표를 세우고 집중할 때의 일입니다. 그달에 충분히 해낼 수 있을 것 같아서 목표를 다소 높게 세웠습니다. 그런데 70% 정도밖에 이루지 못했습니다. 다음 달에도 목표 앞에서 좌절하고 말았습니다. 처음에는 긍정적으로 생각했습니다.

'이번 달에는 안 됐지만, 다음 달에는 될 거야! 이번 달에 쌓은 경

험과 성과들이 다음 달에는 충분히 도움이 될 거야!'

하지만 여전히 다음 달에도 70% 수준에서 멈추었습니다.

'내가 너무 목표를 높게 잡았나?' 이런 생각이 밀려오기 시작했습니다. 나와 같은 정도의 수준을 가진 사람들이 모두 잘 해내는 것을 보면서 더 의기소침해지기도 했습니다. 생각해 보면 그렇게 높은 목표도 아니었는데 점점 이루기 힘든 목표로 보이기 시작했습니다. 그래도 내가 할 수 있는 것은 포기하지 않고 해내는 것뿐이었습니다. 하지만 그달도 역시 70% 수준에서 멈추고 말았습니다. 시간은 10개월이 지나가고 있었습니다. 이제는 정말 미칠 것 같더군요. 10번의 도전과 10번의 실패.

'나는 안 되는 사람인가?' 이제는 내 능력에 대한 의심마저 들기 시작했습니다. 투자한 시간과 노력이 있으니 포기할 순 없었습니다. 다시 마음을 고쳐먹었습니다.

'아니야! 다시 해 보자!'

하필 그달에는 심한 감기마저 걸려서 남은 일주일이 위태로웠습니다. 하지만 포기하지 않겠다는 마음으로 더 집중하고 몰입했습니다. 그랬더니 기적처럼 100%를 해냈습니다. 무려 10개월 만에 이룬 성취였습니다. 그때 이런 생각이 들었습니다.

'뭐야. 능력으로 보면 난 10개월 전에도 충분히 해낼 수 있었잖아.'

결국, 문제는 타협이었습니다. 다음 달에는 될 거라는 타협이 만든 결과였습니다. 그만큼 간절하지 않았다는 것입니다. 성취하고도 다시 걱정이 찾아왔습니다. '이달이 이렇게 힘들었는데 다음 달에는 어떻게 해 낼수 있을까?'

하지만 걱정과 달리 다음 달에도, 그다음 달에도 어렵지 않게 100%의 성과를 낼 수 있었습니다. 그렇게 10개월 동안 자신을 괴롭히던 목표는 별거 아닌 수준이 되었습니다. 내가 해내지 못한 것은 실력의 문제가 아니었습니다. 용기의 부족이자 타협의 문제였습니다.

많은 자기계발서나 세미나에서 흔히 '간절한 꿈을 가지라!'라고 말합니다. 간절하다는 것은 무엇일까요? 간절함의 수준이 어느 정도인지 우리는 알지 못합니다. 그 수준을 알려면 해 보는 수밖에 없습니다. 도전을 반복해서 성취해내면 그 간절함의 수준을 알 수 있습니다. 그러면 다음에도 충분히 해낼 수 있습니다.

마크 맨슨은 『신경끄기의 기술』에서 성공을 외치면 외칠수록 성공하지 못한 자신을 더 바라보게 되는 역설을 이야기합니다. 의식적으로는 '도전해야지.'라고 하면서도 무의식에는 '어려운 일'이라는 두려움을 품고 있을지도 모릅니다. 안 될 일이니까 마음을 굳게 먹고 도전해야만 가능한 일이라고 생각하는 겁니다. 이미 마음속에 힘들고, 성공하기 어렵다는 생각이 먼저 들었던 것이죠. 이럴 경우 오히려 성공에 집착하지만 결국 이뤄내지 못한 자신을 더 구체적으로 바라보게 됩니다.

그럼 자기계발 서적에서 말하는 '성공을 선포하고 외치라'는 말은 잘못된 것일까요? 간절한 성공을 행동으로 외치는 것은 소용없는 일일까요? 아닙니다. 우리의 감정은 신체와 연결되어 있으므로 행동할수록 그에 맞는 감정이 생겨납니다. 외치고 선포하는 행동으로 성공을 갈망하면 '할 수 있다'는 긍정적인 감정이 조금씩 살아나게 됩니다. 그래서 자꾸 자신의 성공을 외쳐야 합니다. 물론 굳게 닫힌 믿음의 문이 열리지 않을 때도 있습니다. 따라서 성공의 느낌 자체를 살려내야 합니다.

『해빙』이란 책에서는 "가지고 있음을 고스란히 느끼라."고 말합니다. 현실 속의 우리는 성공을 외치면서도 머리로 생각한 성공을 가슴으로 받아들이지 못하고 있습니다. 머리로는 애타게 외치지만 진짜 믿음으로 만들어내지 못한다는 말입니다. 이럴 때 작은 성공을 통해 자신을 인정하고 성취감을 그대로 느끼는 것이 매우 중요합니다. '남들도 다하는 이 정도로는 안 돼.'라는 생각은 성취감을 제대로 맛보지 못하게 합니다. 하지만 작은 성공을 목표로 잡고 '와, 나도 하니까 이런 성취가 가능하구나!'라며 스스로 칭찬한다면 성취의 느낌을 온전히 누릴 수 있습니다.

『왜 일하는가』에서 이나모리 가즈오는 "작은 일에 감동하라."고 합니다. 작은 성취에 감동하는 사람은 진취적 에너지를 가질 수 있다고 하죠. 이렇게 한 단계씩 밟아가는 여러 번의 성취를 통해서 성공의 느낌을 고스란히 얻을 수 있습니다. 그 느낌을 아는 사람은 점차 믿음이 강화됩니다. 강화된 믿음은 점차 성공이라는 추상적인 느낌을 시각적으로 보여 줍니다. 인정받는 것이 그래서 중요합니다. 사람은 인정을 받을 때 성장하기 때문이죠. '피그말리온 효과'가 바로 이런 경우입니다. 실제 일어나지 않았지만 마음속에 강한 확신과 믿음이 있다면 실제로 이루어질 수도 있는 것입니다.

목표한 계획에는 '정해진 시간'이 있습니다. 그 목표에 가까워질수록 엄청난 스트레스와 고난이 찾아옵니다. 산이 가파르면 정상이 가까워졌다는 말처럼 말이죠. 목표라는 말 자체에는 '언제까지 이룬다'라는 개념이 있으므로 필연적으로 찾아오는 과정입니다. 『왜 일하는가』에서 이나모리 가즈오도 이 점을 중요하게 언급했습니다. 하지만 사람들은 고통의 순간에 쉽게 타협하곤 합니다. 타협은 그 순간에 편안함을 줄지 모르지만, 결과적으로 큰 후회를 만들어낼 뿐입니다. 고통의 순간은 자신의 성장에 중요한 시간입니다. 힘든 순간을 이겨내면 근육이 만들어지듯 한계치의 순간을 넘기면 능력이 업그레이드됩니다. 하지만 이 순간을 피해 간다면 영원히 우리는 성공 근육을 만들어내지 못합니다. 이 순간을 돌파해 능력을 업그레이드한 사람들이 바로 성공한 사람들입니다. 그들은 성공을 쟁취하며 그 느낌이 무엇인지 인지했습니다. 그리고 그 느낌이 무의식 세계를 더 강화시켰습니다.

실패의 경험도 많이 쌓이다 보면 실패를 딛고 일어서는 근육이 생깁니다. 그것들이 쌓여서 결국은 성공을 이루게 됩니다. 하지만 안 될 거 같아서 포기하기를 반복한다면 근육은 생기지 않습니다.

근육이 제대로 형성된다면 어떤 상황에서도 자신을 바로 세울 수 있게 됩니다. 나중에 찾아올 수많은 장애와 실패를 딛고 일어서게 만들어줍니다. 성공은 한 번의 작은 성취로 찾아오는 것은 아니기 때문입니다. 성공은 수많은 작은 성취들과 실패들이 모여서 원하는 목표에 다다르게 되는 과정입니다. 이때 버티고 나아가게 해주는 것은 이런 무의식의 근육입니다.

One Point Pick !
우리는 자신의 믿음만큼 성장한다!

· 가라 ·
목표를 숫자로 표현할 때 일어나는 기적

우리는 '열심히', '제대로', '충분히'라는 말을 자주 씁니다. 그런데 도대체 '열심히'는 어느 만큼일까요? 아이들도 "오늘 열심히 공부했어요."라고 말하며 '열심히'를 강조합니다. 직장인들도 "오늘 제대로 끝냈습니다."라고 말하며 흡족해 합니다. 하지만 이런 추상적인 말들은 성과를 측정하기가 매우 어렵습니다. 이제부터는 사회적으로 인정하는 숫자, 스스로에게 믿음을 줄 수 있는 숫자로 목표를 세워야 합니다.

매일 책을 읽고 글쓰기에 도전한 적이 있습니다. 거의 1년간 매일 아침 일어나서 글을 썼습니다. 지금 이 책의 내용이 그때 썼던 글들을 부지런히 모은 결과입니다. 전날부터 무엇을 써야 할지 고민하기 시작해 메모하고, 마인드맵을 그려 두었다가 다음 날 아침에 그 것을 토대로 쓰고 또 썼습니다. 날짜를 세어 보니 365일이 되었습니다. 올해 목표는 1년 365일 포스팅, 그리고 100권의 책 읽기입니다. 책을 읽고 블로그에 포스팅을 끝내는 기준으로 100권을 설정했습니다. 본업에 충실하면서 시간을 내어 읽어야 하기 때문에 저로서는 만만치 않은 숫자이긴 합니다. 그래도 눈에 보이는 숫자로 목표를 정하니 '열심히 읽자, 부지런히 쓰자.'라는 목표보다 이뤄내기가 쉬웠습니다.

취미 이외에 비즈니스도 숫자로 정해진 목표가 세워져 있습니다. 올해 매출액, 만나야 할 사람, 매일 해야 할 리스트, 행동해야 할 목표들도 결국 숫자입니다. 목표에 도달하지 못했다고 실패는 아닙니다. 예전보다 숫자가 올라갔다면 그만큼 성장한 것입니다. 잘 아는 지인이 한번은 이렇게 물었습니다.

"어떻게 그렇게 꾸준히 하실 수 있죠?"

"잘하지 못하니 꾸준하게라도 해야죠. 일단 숫자를 설정하고 도전하는 겁니다. 그 숫자에 다다르면 나에게 보상을 줍니다."

"어떤 보상을 하세요?"

"예를 들면, 숫자로 중간 단계 목표들을 정해 두고 성취해 나갈 때마다 외식을 하기로 했습니다. 점차 그 숫자에 도전하게 되더군요. 중간 목표를 달성해 나가면서 한 달에 외식을 10번 이상 한 적도 있습니다."

만약 그냥 열심히 하려고 했다면 실력은 그 자리 그대로일지도 모릅니다. 글쓰는 작가들도 마감 날짜를 정해 두면 비록 스트레스는 받지만, 마음이 조급해져서 더 집중하게 되고 새로운 아이디어가 떠오른다고 합니다. 제대로 일을 끝내기를 원한다면 숫자로 된 목표와 마감을 정해야 합니다.

어떤 날은 간혹 하루의 목표를 놓칠 뻔한 경우도 있었지만 가급적 그날 해야 할 일은 자정 전에 마무리하는 편입니다. 누가 보는 것도 아니고, 평가하는 것도 아닌데 숫자로 목표를 정해 놓으니 여러모로 성장할 수 있었습니다.

SNS에서 친해진 분들의 글을 보면서 재미있는 점을 발견했습니다. 만 보 걷기를 하고 계신 분들의 숫자를 보면 만 보보다 좀 더 걷습니다. 그만큼 만 보 걷기에 의식적으로 도전했다는 말입니다. 목표달성의 여부가 중요하기 때문이죠. 만 보 걷기를 꾸준히 실천하려면 이처럼 SNS에 올려 인증활동을 하고, 주변의 응원을 받는 것도 도움이 될 것입니다.

아홉 번 도전에서 만족스런 성과를 내지 못했더라고 열 번째에선 성공의 결과를 맛볼 수 있습니다. 99도에선 끓지 않던 물이 100도에서 끓는 것은 그 1도 차이가 임계점으로 엄청나게 큰 작용을 하기 때문입니다.

100번이라는 숫자를 목표로 삼았다면 100번을 해야 합니다. 무슨 수가 생겨도 채워 나가야 하죠. 이것이 바로 목표가 갖는 의미입니다. 이왕이면 그 숫자도 남들이 인정하는 숫자였을 때 효과가 발휘됩니다. '만 보'라는 숫자는 남들에게도 의미 있는 숫자이기 때문에 효과가 있습니다.

숫자에 도전할 때는 항상 70% 시점부터 한계에 다다릅니다. 90%를 넘어가면 숨이 차서 도저히 달성하기 어려워 보입니다. 99%가 되면 오기로 버텨 나갑니다. 그리고 마지막 1%를 채우고 쓰러집니다. 그런데 그 1%가 근육을 만들어내고, 정신력을 만들어내고, 믿음을 만들어냅니다. 마지막 10%, 최후의 1%가 자신을 성장시키는 시간입니다. 그래서 끝까지 해내야 합니다. 숫자 달성에 실패한 사람들은 시간이 지나도 그 숫자에 도달하지 못한다는 사실로 마음 아파합니다. 자신의 능력을 어느 순간부터 70으로 인정하기 시작하기 때문입니다. 시간이 지나면 80이 되고, 90이 되고, 100이 되어야 하는 것 같지만 그렇게 되지 않습니다. 70에서 80이 되는 순간도 그들에게는 숨이 목까지 차오르는 극심한 고통의 순간이기 때문입니다.

70까지만 한다는 것은 고통의 순간을 피해 가는 것이 습관화되어 있다는 것입니다. 100까지 해내는 사람은 기꺼이 고통을 넘어서는 습관이 자리 잡은 것입니다.

마크 맨슨의 『신경끄기의 기술』에서는 "행복은 투쟁이 따른다."고 말합니다. 인생의 진정한 의미와 성취감은 투쟁을 선택하고 감내함으로써 얻어집니다. 한 단계 발전은 한 발 더 나아가는 것이고, 그 한 발은 고통의 순간들로 얻어진 결과입니다. 이것을 받아들이느냐 포기하느냐는 자신의 선택입니다.

제 주변에서는 오늘 하루 명함을 몇 장 돌릴지를 목표로 정하고 매일 실천하여 좋은 성과를 만든 이가 있습니다. 되든 안 되든 숫자에 도전하는 것은 생각보다 매우 효과적입니다. 오늘부터 한계를 숫자로 표현해 보세요. 마감 날짜를 정해 보고, 해야 할 일도 숫자로 표현해 보세요. 오늘 그 일에 몇 시간을 투자할지를 정해도 좋습니다. 이 숫자들이 모여 여러분의 성취감이 화려한 꽃을 피우게 할 것입니다.

One Point Pick !

숫자로 세워 놓은 목표는 마법 같은 힘을 발휘한다!

· 가라 ·
나를 움직이는 'WHY'

사람들과 대화를 하다 보면 자기 주관에 따라 결정하기보다 주변 사람들의 의견을 따르는 경향이 많습니다. 속담에도 "친구 따라 강남 간다."는 말이 있지요. 어떤 일을 시작할 때는 자기 주관이 뚜렷해야 합니다. '왜 하는지'를 정확히 알아야 합니다.

어느 날 친한 지인이 새로운 일을 준비한다고 했습니다. 그 일이 비전이 있냐고 물었더니 6개월 동안 공부하고, 세미나도 다니며, 준비했다고 합니다. 그래서 '잘 준비하고 있구나.' 하고 생각했습니다. 그런데 어느 날 만난 자리에서 그가 대수롭지 않게 이렇게 말했습니다.

"저 그거 안 하기로 했어요. 깨끗하게 정리했습니다."

나는 너무 궁금해서 이유를 물었습니다.

"왜요? 그렇게 오랫동안 준비하셨는데, 무슨 문제라도 있었나요?"

"주변 사람들에게 물어보니까 좀 문제가 있다고 하네요."

"아… 그래요? 오랫동안 준비하셨는데 안타깝네요."

이런저런 이야기를 나누던 중에 약간 의문이 들어 다시 물었습니다.

"그런데 문제가 있다고 한 분들은 누구죠?"

"학부모 모임에 나갔는데 몇몇 엄마들이 전망이 안 좋다고 하네요. 제가 너무 생각 없이 준비했던 것 같아요."

나는 다시 질문했습니다.

"그분들이 당신이 준비하던 일을 해 보신 분들인가요?"

"아니요. 그분들 주변 사람 중에 비슷한 일을 해 본 분들이 많다네요."

"그럼 그중 한 분에게 지금 다시 전화를 해 보세요."

"왜요?"

"그때 주변에서 하다 그만둔 사람들이 누구인지 정확하게 물어보세요."

그분은 전화를 하고 나더니 조금은 실망한 듯 말을 꺼냅니다.

"자기도 주변 사람들에게 들은 이야기라서 누구에게 들었는지 잘 모른다네요."

저는 당황스러워하는 그에게 이렇게 조언했습니다.

"자신이 6개월 동안 알아본 일을 바꿀 때는 최소한 그 이상 경험해 본 사람과 이야기를 나누어 봐야 합니다."

스티븐 코비와 숀 코비가 공동 저술한 『성공하는 사람들의 7가지 습관』에서 말하는 제1습관은 "주도적이 되어라."입니다. 많은 사람이 누군가의 결정에 맹목적으로 따라갑니다. 주변 사람들의 의견을 구하는 것은 좋지만 근거와 출처, 전문성을 검증하는 작업을 거쳐야 합니다.

정재승 작가는 『열두 발자국』에서 "우리는 뇌 과학적으로 추종자의 성향을 가지고 있다."고 말합니다. 따라서 내가 조금만 더 리더의 역할에 관심을 쏟는다면 훨씬 더 많은 것들을 얻을 수 있습니다. "목소리 큰 사람이 이긴다."라는 말이 있듯이 누군가 더 확신에 찬 목소리를 내면 우리는 믿을 만한 근거가 있다고 착각하기도 합니다. 본인이 전문가임에도 불구하고 다수가 더 큰 목소리를 내면 맞다고 생각하는 경향이 있습니다.

나폴레온 힐은 『생각하라 그리고 부자가 되어라』에서 "의견이란 이 지구상에서 가장 값싼 상품이다."라고 했습니다. 뉴스에 나온 시답잖은 이야기들을 마치 자기 의견인 것처럼 포장해서 남발하기 때문이지요. 심리학에선 '많은 사람의 관심이 가는 곳은 믿고 가도 된다'는 믿음이 생긴다고 합니다. 그래서 우리도 어쩌면 검증 과정 없이 사람들에게 이끌려 선택하고, 몰려다니는지도 모릅니다. 하지만 거기에는 나누어야 할 파이가 너무 많아 오히려 성공의 가능성이 희박합니다.

다수가 절대적으로 옳은 것은 아닙니다. 소수의 의견에 귀 기울여 보면 틈새시장이 보이기도 합니다. 블루오션 시장은 다르게 보는 곳에 있습니다. 주변 사람에게 저항하는 마음이 올라온다면 다른 생각을 했다는 신호입니다. 그렇다고 무조건 시작할 수는 없습니다. 비판적 사고를 통해서 질문하고, 검증하는 과정을 반드시 거쳐야 합니다.

앞의 지인과의 대화에서 또 하나 느낀 것은 본인이 '왜 그 일을 하는지'를 모른다는 것입니다. 단순히 돈이 될 것 같아서 시작한 일이다 보니, 돈이 되지 않는다는 말을 들으면 바로 포기하게 됩니다. 하지만 '왜 해야 하는지'에 대한 비전과 철학을 정확하게 가지고 있다면 그에 맞는 질문을 했을지도 모릅니다.

사이먼 사이넥은 『나는 왜 이 일을 하는가』에서 'Why'의 중요성을 강조합니다. 가장 중심에 있는 원에 이 질문이 위치합니다. 우리는 먼저 이 질문에 대답하지 않으면 쉽게 주변의 영향을 받고 맙니다. 어떤 일이든 주변의 저항에 부딪히고 말겠죠. 오래, 꾸준히 하는 것은 그냥 되는 것이 아닙니다. 그 일에 대한 자신의 철학과 가치관이 바로 서지 않으면 쉽게 포기해 버립니다. 그래서 어떤 일을 하든지 자신의 가치관을 정립하는 일이 매우 중요합니다. 가치관에 따라 의사결정도 빠르게 할 수 있습니다. 그런 일은 후회를 줄여 줍니다.

저는 직장생활을 힘들어했습니다. 육체적인 노동의 강도로 따지자면 개인 사업보다 쉬웠지만, 직장생활을 해야 할 이유가 뚜렷하지 않아 수시로 이직을 꿈꾸고, 면접을 보면서 힘들게 생활했습니다. 그때는 나름 'Why'가 있다고 생각했는데, 지나고 보니 스스로를 이해시킬 만한 진짜 'Why'가 없었습니다. 더 힘든 자영업이나 사업을 하면서도 힘들지 않은 이유는 내 일이기 때문입니다. 나의 일은 해야 할 이유가 명확한 편입니다. 물론 그러지 않은 사람들도 있지만, 보통 자신의 자본과 노력과 시간을 투여할 때는 그만한 이유가 있습니다.

One Point Pick !
지속적이고 의미 있는 성과를 원한다면, 모든 시작에 앞서 'Why'를 물어보라.

·가라·
지금 하는 일에 열정이 없다고요?

생각보다 많은 사람이 자신이 몸 담고 있는 일에 열정이 없다고 말합니다. 열정이 생기는 일을 찾으면 지금보다 더 많은 성과를 낼 수 있다고 자부하기도 합니다. 자신에게 열정을 불러일으킬 만한, 정말로 좋아하는 일을 못 찾았다는 것이죠. 도대체 그 일은 언제 찾을 수 있을까요? 정말 열정을 일으키는 일이 있기는 할까요? 있다면 왜 아직 못 찾고 있을까요? 우리는 좀 더 자신에게 솔직해져야 합니다. 일을 못하는 것일지도 모르니까요.

거래처 사람 한 분을 만났습니다. 의욕이 없어 보여서 물었습니다.
"무슨 걱정이라도 있으세요?"
"아마 다음에 오시면 저를 못 보실 수도 있습니다."

"왜요? 그만두세요?"

"실적이 나지 않아서 일에 열정이 생기지 않아요. 이 일이 저랑 맞지 않는 거 같아요. 다른 직종 알아보려고요."

"오래 하셨는데 아쉽네요."

그분은 표정이 어두워지면서 물었습니다.

"사장님은 지금 하는 일에 열정이 있어서 열심히 하시나요?"

"제가 열정적으로 했다면 오늘 여기 오는 일이 설레고 즐거웠을 겁니다. 그런데 저 역시 그렇지 않아요. 진짜 열정은 잘하는 포인트를 찾아서 꾸준히 하는 것입니다."

결국 그분은 그 회사에서 더 일을 해 보기로 했습니다.

몇 달이 흐르고 그분을 다시 만났습니다.

"요즘은 어떠세요?"

"지금은 일을 잘하고 있습니다. 나름 재미를 찾았어요."

"무슨 일이 있었나요? 궁금하네요."

"그때 다녀가신 후에 제가 큰 대박을 터트렸어요. 일이 잘되니까 재미있어지더라고요."

"그때는 적성에 잘 안 맞는 것 같다고 하지 않으셨어요?"

"일을 적성에 맞아서 하나요? 일은 그냥 하는 거죠."

그런 이야기를 하는데 정말 표정이 밝았습니다.

이 분은 뒤늦게 적성을 찾은 걸까요? 아닙니다. 이제야 제대로 일을 하는 겁니다.

공부하는 학생들도 마찬가지입니다. 공부를 못하는 학생은 흥미가 떨어집니다. 하지만 성적이 잘 나오기 시작하면 공부가 재미있어집니다. 처음으로 좋은 성적이 나온 학생은 이렇게 말했습니다.

"의외로 공부가 재미있네요. 더 열심히 하고 싶어요!"

결국 공부를 안 하니까 성적이 좋지 않았고, 성적이 낮으니 재미가 없고, 재미가 없으니까 열정이 생기지 않아 공부를 하지 않는 악순환이 만들어졌던 겁니다. 그러니 열정이 생기는 일을 찾기보다는 일단 잘 해 보는 것이 더 빠릅니다. 특히 몇 해 동안 일을 해 왔지만 딱히 흥미가 느껴지지 않는 사람이라면 더더욱 그 일을 잘 해 보기를 추천합니다.

맡은 일을 잘하지 못해서 매사 끈기가 없어 보이던 사람들이 성과가 나면서부터 일에 재미를 찾고, 나중에 천직이 되는 경우를 주변에서 많이 봤습니다. 누구나 '가슴 뛰는 일'을 하라고 합니다. 하지만 10년 이상 찾아도 없다면 그 일은 자신과 맞지 않다고 생각하는 것이 낫습니다. 그러니 일단 지금 하는 일에서 잘하는 포인트를 찾아보는 것이 중요합니다.

지금 제가 하는 일도 처음부터 하고 싶어서 시작한 것이 아닙니다. 한동안 고민하고 개선하고 집중하는 세월을 보냈습니다. 그렇게 조금씩 잘하는 것들이 생기면서 실적이 올라가자 더 잘하고 싶어졌습니다. 동료들에게 인정도 받자 책임감도 생기면서 일의 집중도가 높아졌습니다. 산을 하나 넘자 다른 산들이 보이기 시작했습니다. 도전하기를 반복하면서 더 일을 사랑하게 되었습니다. 그리고 나름 대로 일에 철학이 생기기 시작했습니다. 처음 시작할 때와는 다른 세계를 접하게 된 것이죠. 이 말은 하나의 일에 집중하면 그 뒤로 연관된 많은 세계가 기다리고 있다는 것입니다. 다양성이 높아지면 통합하는 멋진 일들이 다시 가슴 설레게 합니다.

열정이나 행복은 한순간의 감정입니다. 그런 감정이 영원히 계속된다면 인간은 벌써 도태되고 말았을 겁니다. 아드레날린이 계속 나를 자극해 행복함을 유지한다면 이미 다른 천적에게 잡아먹혔겠죠. 행복에 취해 어떤 일도 하지 않고 안일하게 살았을 테니까요.

만약 주변에 충분히 행복한 상태인데도 어떤 일을 열정적으로 하는 사람이 있다면 그 사람은 열심히 하는 태도를 습관처럼 가진 것입니다. 그런 태도가 '그릿(Grit, 열정과 끈기)'을 만들어내는 것이죠. 나는 감히 이렇게 말하고 싶습니다.

"세상에 자신을 가슴 뛰게 만드는 일은 없다! 그런 일은 스스로 만들어내는 것이다!"

성공한 사람들도 같은 이야기를 합니다. 처음 그 일에 엄청난 열정이 생겨서 시작했다기보다는 열심히 집중하다 보니까 가슴 뛰는 일이 되었다고 합니다. 5년 전에 하던 일을 지금도 똑같이 하고 있다면 당연히 가슴이 뛰지 않습니다. 발전하고 나아가야 합니다.

이직하고 들어간 회사에서 이유 없이 차별을 당한 적이 있었습니다. 사실 지금도 그 이유는 알지 못합니다. 추측해보자면, 제 출신학교에 대한 안 좋은 감정이 있었던 듯 합니다.

신입으로 들어가자마자 계속 지적을 당했습니다. 나름 일에 관련된 공부를 하고 있으면, "실전에서 얼마나 잘하는지 두고 보겠다."고 시기했고, 선배들이 만들어 놓은 코딩을 띄워서 분석하면, "신입답지 않게 행동한다."는 지적을 수없이 받았습니다. 나중에는 그 상사가 꼴 보기도 싫더군요. 그런데 하필 그 상사와 파견근무를 해야 하는 일이 벌어졌습니다. 몇 달이나 같이 지내야 하는데 큰일이었습니다. 하지만 파견 근무지에서 여러 가지 난제를 해결하고 나자 저를 인정하기 시작했습니다. 파견근무가 끝날 때는 아주 호의적으로 바뀌었습니다. 그래서 깨닫게 됐습니다. 나를 힘들게 하는 사람과도 실력을 키우고 관계를 맺으면 얼마든지 내 편으로 만들 수 있다는 것을 말입니다.

내가 지금 하는 일에 얼마나 최선을 다하는지를 살펴보는 것이 먼저입니다. 세상은 자신의 태도에 따라 결정되는 경우가 더 많습니다. 어떤 일이냐가 중요하지 않다는 말은 아닙니다. 하지만 열정을 느끼는 일을 찾을 수 없다면 일을 하는 태도에 문제가 있는 것입니다.

아직도 가슴 뛰는 일을 만나지 못했다고 말하는 사람들을 관찰해 보면 일단 열심히 일하지 않습니다. 거기에는 자신이 하고 싶지 않은 것들을 회피하려는 성향도 한몫합니다. 두려움 때문에 멈춰 서 있는 사람은 자신을 속이기 시작합니다. 자신이 제대로 하지 않는 이유가 열정이 생기지 않아서라고요. 재미있는 것은 스스로 그것을 진짜라고 믿고 있다는 것입니다.

이나모리 가즈오는 『왜 일하는가』에서 "하찮은 일이라도 주어진 일을 천직이라 생각하고, 몸과 마음을 다해 달려들어 보아라. 끊임없는 노력을 계속하다 보면 반드시 진리와 만나게 된다. 일단 세상사의 본질을 이루는 진리를 알면, 어떤 일에서도 자신의 능력을 자유롭게 발휘하는 경지에 오를 수 있다."라고 말합니다. 어쩔 수 없이 선택한 작은 중소기업이었지만, 다른 대안이 없어서 최선을 다할 수밖에 없었던 이나모리 가즈오는 결국 연구에 매진을 거듭해서 회사를 살렸을 뿐 아니라 교세라를 창업해서 최고의 경영자가 되었습니다.

황농문 저자도 『몰입』에서 "자신이 하는 일에 몰입하면 열정이 생기고 일이 좋아진다."고 강조합니다.

우리는 얼마나 자기 일에 몰입했을까요? 물론 자기 능력 밖의 감당키 어려운 일을 만날 수도 있습니다. 하지만 한번 몰입하고 전념하는 태도를 보인 사람은 어떤 일을 만나도 잘 해낼 가능성이 큽니다. 결국 열정적인 태도를 갖추고 접근 방식을 긍정적으로 바꾸는 것이 일을 대하는 가장 중요한 태도이자 기본이 됩니다.

One Point Pick !
먼저 실력을 쌓고 성과를 내면 '열정'은 따라오게 되어 있다.

· 가라 ·
안락지대를 벗어나야 길이 보인다

제가 대학을 다닐 때는 기계공학이 주목을 받던 시대였습니다. 군대를 다녀오니 인기 학과는 컴퓨터공학으로 변해 있었습니다. 졸업할 때가 되니 세상은 디지털로 돌아가기 시작했습니다. 겨우 따라가고 보니 어느새 손안의 스마트폰 세상으로 변해 버렸습니다. 이제는 인공지능 시대, 메타버스 시대랍니다. 앞으로 10년이 지나면 지금 종사하는 직업에서 또 다른 직종으로 갈아타야 할지도 모릅니다.

주변 분들과 노후 대비에 관해 이야기를 나눈 적이 있습니다. 대화 중에 한 분이 이런 아쉬움을 늘어놓습니다.

"퇴직하고 뭐든 해야 하는데, 영 할 만한 게 없네."

IMF 이후로 정년이 보장되지 않는 현실 속에서 다음 직업을 구상해야 하는 것은 필수가 되어 버렸습니다. 더구나 코로나 팬데믹 때문에 할 만한 건 더더욱 찾기 힘든 게 현실입니다.

주변에서 저에게 자주 이런 질문들을 던집니다.

"좋은 거 있음 추천 좀 해 줘요. 사람 많이 만나니까 좋은 정보가 있을 거 같은데요."

그래서 나름 생각하고 있던 것들을 이야기합니다. 그랬더니 돌아온 말들은 대강 이렇습니다.

"내 나이가 몇인데... 게다가 돈도 없고."

"남에게 아쉬운 소리 하기 싫어."

"컴퓨터는 너무 어려워."

"그건 아이들이나 하는 거지, 우리가 뭘 하겠어?"

제가 직장생활을 할 때 그 회사의 대표이사는 40대 중반에 창업했다고 합니다. 50대가 넘어서야 제대로 규모를 갖추어 가더군요. 세상에 늦은 나이란 없습니다. 돈이 없어도 시작할 수 있는 일은 얼마든지 있습니다. 친구의 아버지는 최근에 스마트폰을 배워서 동영상 만들기를 합니다. 사진을 찍고, 음악을 넣어 영상 편집을 한 후 친구들과 공유하는 재미에 푹 빠지셨습니다.

저는 코로나 팬데믹이 길어지면서 약간의 여유로운 시간이 생겼습니다. 그래서 1년 전부터 잠자던 블로그에 다시 글을 쓰기 시작했습니다. 블로그를 본격적으로 해 본 적이 없었기 때문에 취미 삼아 글쓰기를 시작했습니다. 그렇게 시작된 블로그가 지금의 책 쓰기로 이어지고 있습니다. 언젠가 내 책을 내고 싶다는 막연했던 꿈이 1년 만에 이루어졌습니다. 사실 아쉬움도 남습니다. 좀 더 일찍 시작했으면 지금쯤 몇 권의 책을 더 썼을 수도 있었을 텐데요. 하지만 지금 시작하지 않으면 10년 후에도, 20년 후에도 같은 후회를 하고 있을지도 모릅니다. '지금이라도 시작한 게 얼마나 다행인가' 하고 생각합니다. 덕분에 작가, 블로거, 인플루언서라는 명함이 하나 더 생겼습니다.

우리는 '안락지대Comfort zone'에서 벗어나지 않으려고 합니다. 이미 세상의 공식은 바뀌고 있는데 예전 그대로의 공식으로 다음 세상을 바라봅니다. 자신이 해 오던 일로 준비가 가능하다고 믿으며 자신을 바꾸는 데 너무나 소극적인 자세를 보입니다. 그대로 앉아서 걱정만 하는 모양새입니다.

세스 고딘의 『이카루스 이야기』에 나오는 말입니다. 산업화 시대의 울타리는 이제 허물어졌습니다. 기존의 교육, 업무, 경제, 기대를 떠받치던 산업 시대가 급격히 무너지고 있습니다. 그런데도 세상을 제대로 보지 못하고 있습니다. 그러면서 심리적으로 안전하다고 생각합니다. 이제는 새로운 틀을 구축하고 사람과 아이디어를 연결하고, 정해진 규칙 없이 시도해야 합니다.

20년 전에 현대자동차와 협업할 때의 일입니다. 당시 현대자동차가 흑자를 내서 직원들이 회사로부터 인센티브를 받더군요. 같은 사무실에서 일하던 대리직급의 동료가 상당히 많은 인센티브를 받았습니다. 그러던 그가 12월까지 일하고 퇴사를 한다고 했습니다. 순간 너무 놀랐습니다.

'공대생들이 바라는 꿈의 직장을 그만둔다고?'

회식하는 자리에서 그 이유를 물었더니 이렇게 말했습니다.

"40대가 되기 전에 좋아하고 계획했던 일을 하지 않으면 사는 동안 후회할 것 같아요. 지금이라도 늦기 전에 하고 싶었던 일을 하려고요."

그 후로 어떻게 살고 있는지는 모르지만, 그 도전 정신은 또렷이 기억에 남아 있습니다.

이제는 안락지대를 벗어나야 한다는 것은 자명한 일입니다. 편안한 곳에 안주하고자 하는 태도에서 벗어나서 새로운 기술과 아이디어로 재무장해야 할 때입니다. 산업 시대적인 사고, 기존에 배웠던 제도들은 무용지물이 되고 있습니다. 저도 새로운 것들에 계속 도전해 보려고 합니다. 40대 후반에 블로거 활동을 하면서 좋았던 점은 경험하지 못한, 새로운 도전을 시도하는 사람들이 많다는 사실을 알게 된 것입니다.

『사업을 한다는 것』의 저자 레이 크록은 52세 때 맥도날드를 창업했습니다. 관절염을 앓았고, 담낭과 갑상선을 잃은 상태였습니다. 하지만 20년 동안 맥도날드를 업계 최고의 기업으로 이끌었습니다.

핑계를 대자면 누구나 한 보따리쯤 있을 겁니다. 하지만 이런저런 핑계를 대는 사람 치고 성공한 인물은 없습니다. 가고자 하는 길이 생겼다면 일단 행동해야 합니다. 다음 길은 시작하고 나면 하나씩 보입니다. 지금 생각지도 않은 길을 걷고 있을지도 모릅니다. 길을 걷다 보면 가고 싶은 목적지가 더 많이 생기게 됩니다. 걸어 보지 않으면 생각할 수 없는 길도 있습니다.

브렌든 버처드는 『백만장자 메신저』에서 "지금 시대는 자신만이 가진 특별한 지식이나 경험이 돈이 되는 세상이다."라고 했습니다. 예전에는 인정받기 힘들었던 것들이 누군가에게 많은 도움을 주는 세상입니다. 우리는 분명 많은 사람과 공유할 만한 것들을 가지고 있습니다. 조금만 생각을 바꾸고 세상을 달리 바라보면, 지금의 자리에서 벗어나, 보다 나은 세상으로 들어갈 많은 입구가 보일 것입니다.

One Point Pick !
우리는 안락지대에 머무르려는 경향이 강하다. 이를 벗어나는 것이 새로운 도전의 시작이다!

· 가라 ·
정해진 시간에 꾸준히 가면 벌어지는 일

일정한 시간에 정해진 곳을 꾸준히 가면 어떤 결과든 얻을 수 있습니다. 가려고 해도 갈 곳이 없다면 친한 사람이 있는 곳으로 가 보기를 추천합니다. 카페, 미용실 등도 한 곳을 정해 꾸준히 가 보세요. 만날 사람, 도와줄 사람을 만나게 됩니다. 특별히 만날 사람이 없어서 아는 분 영업장에 자주 놀러 간 적이 있습니다. 같이 식사도 하고 손님이 많을 때는 일도 살짝 도와주고, 컴퓨터를 고쳐 준 적도 있습니다. 그곳에서 학생, 분식집 사장님, 호프집 사장님 등과 두루 친해졌습니다. 그분들은 기꺼이 저의 고객이 되었습니다. 집에 가만히 있으면 사람을 만날 수 없습니다. 하지만 밖으로 나가면 어떤 일이든 벌어집니다.

저는 매주 화요일이면 업무차 지방에 갑니다. 그런데 오전과 오후 약속 시간 사이에 여유 시간이 깁니다. 그래서 카페에서 시간을 보내곤 합니다. 그런데 그 자투리 시간은 어느새 일주일에서 가장 소중한 시간이 되어 버렸습니다. 간섭하는 사람이 없어 온전히 나만의 시간을 제대로 가질 수 있기 때문이죠. 내가 머무는 카페는 규모가 작은 곳은 아니지만, 음악 소리와 가끔 들리는 주인의 통화 소리 외에는 아주 조용합니다. 낯선 곳에서 보내는 이 여유로운 시간은 뭔가 색다른 느낌을 안겨 줍니다.

어느 날, 약속 시각이 다 되어서 자리를 정리하고 빈 잔을 반납했습니다. 계산대에서 돌아서는데 고객 테이블에 앉아 있던 사장님 친구로 보이는 분과 눈이 마주쳤습니다. 카페를 나갈 때까지 저를 계속해서 바라보는 게 느껴졌습니다. 고개를 돌려 바라보니 그가 작게 미소를 지었습니다. 불과 2초도 안 되는 찰나였지만 깨달았습니다.

'매주 똑같은 시간, 똑같은 자리에 앉는 사람이 궁금했나 보구나. 어쩌면 저들의 대화 속에 내가 있었을지도 모르겠구나.'

만약 다른 사람과 친해지고 싶거나 주목을 받고 싶다면 가장 쉬운 방법이 있습니다. 정해진 시간에 같은 공간에서 계속 마주치는 것입니다. 특별히 말할 필요도 없습니다. 어느 순간 그들은 이렇게 느낄 겁니다.

'어? 지난주에 그 사람인가? 또 보네.'

'여기에 사나? 무슨 일로 계속 보이지?'

아침 운동 역시 매일 같은 시간에 같은 곳을 걸어 보세요. 반드시 인사하는 사람이 생깁니다. 학원에 등록하고 매일 빠지지 않고 나가 보세요. 반드시 친구가 생깁니다. 내가 원하는 것을 하는 사람들의 모임을 알았다면 꾸준히 나가 보세요. 반드시 조력자가 나타납니다. 매일 아침 버스정류장에서 마주치는 학생이 보이지 않으면 궁금해지는 것이 인지상정입니다. 제 고객들 대부분은 거절하든, 그렇지 않든 주기적으로 꾸준히 방문해서 알게 된 사람들입니다. 달콤한 연애를 하고 결혼까지 한 지금의 제 아내도 자주 가던 거래처 회사의 직원이었습니다. 계속 얼굴을 마주치면 사람은 호기심이 생기고 궁금해집니다. 그렇게 대화가 시작되고 관계가 맺어집니다. 그래서 어떤 일을 시작했다면 열심히 나가 얼굴 도장을 찍는 것이 매우 중요합니다. 규칙적으로, 주기적으로 행동해 보기를 추천합니다.

임진환 저자는 『영업은 배반하지 않는다』에서 '영업의 기본은 주기적으로 계속 찾아가는 것'이라고 합니다. 사실 쉬운 일은 아닙니다. 저는 미용실도 한 번 가기 시작하면 일정 시간 동안 주기적으로 똑같은 미용실만 갑니다. 그러면 어김없이 친해지고 대화가 시작됩니다. 치킨집도 배달을 시키지 않고 일부러 가지러 갑니다. 그러면 어김없이 제가 하는 일을 말하게 됩니다.

아침마다 집 앞 카페에서 늘 똑같은 커피로 테이크아웃을 합니다. 그곳을 자주 애용하는 이유는 가격이 저렴하기도 하지만 차를 잠시 세울 수 있기 때문입니다. 그렇게 오랫동안 애용하자 메뉴를 묻지도 않고 내어 줄 때도 있습니다. 그만큼 아르바이트하는 분들과도 친해진 것입니다.

"오랜만에 오셨네요."

"아… 제가 일주일간 다른 곳에 있었어요."

매일 오던 손님이 오지 않으면 궁금해지는 것이 당연합니다. 주기적으로 보는 힘은 의외로 상당합니다. 친해지고 싶은 사람이 있다면 꾸준하게 정해진 요일에 만나 보기를 추천합니다. 무엇을 보여 주어야 할지 걱정하지 않아도 됩니다. 그냥 얼굴만 보여 주어도 강력한 도구가 됩니다.

만날 사람이 없는 것이 아니라 스스로 먼저 움직이지 않기 때문에 주변에 사람이 없다는 걸 안다면 우리는 좀 더 적극적으로 바뀔 수 있습니다. 어떤 일을 하든 항상 같은 자리에 있으면 언젠가는 주목을 받을 것입니다. 불규칙적으로 방문하는 사람은 그냥 스쳐 가는 고객일 뿐입니다. 매일 올리는 블로그 글이 사소하지만 큰 힘을 갖는 이유입니다.

> **One Point Pick !**
> 성공은 반복되는 축적의 힘에서 비롯된다. 일정한 시간에 정해진 곳을 꾸준히 가면, 어떤 결과든 얻을 수 있다.

PART 2

———————————— • ————————————

만나라_
누구든 인연을 만들어라

GO MEET TALK

인생의 대부분은 함께 가는 과정입니다. 회사에서, 가정에서 또는 사회활동에서 사람들과 함께 보내는 시간이 혼자 있는 시간보다 훨씬 많습니다. 요즘은 SNS라는 소통의 도구가 생기면서 직접 얼굴을 보지 않아도 만남이 이루어집니다. 물론 SNS도 나름의 장점이 많겠지만, 사람은 만나서 수다를 떨며 감정을 나누어야 살아갈 수 있는 존재입니다.

성공하려면 능력 있는 조력자의 도움이 필요합니다. 사람들의 만남은 단순 연산의 결과처럼 1+1=2가 아닙니다. 1+1=4, 어쩌면 그 이상이 될 수도 있습니다. 이것을 우리는 '시너지'라고 말합니다. 사람과 사람이 만나면 새로운 감정이 생겨납니다. 용기, 사랑, 우정 같은 좋은 감정과 애틋함, 동정심으로 공감이 생길 수도 있습니다. 물론 때로는 두려움, 질투, 미움이 생길지도 모릅니다. 하지만 우리는 그 힘으로 인해 한발 더 나아갑니다. 사람들이 모일수록 더 큰 에너지가 움직이니까요. 그래서 누군가를 만나야 합니다.

우리는 사람들에게 실망하기도 하지만 용기를 얻기도 합니다. 그렇듯이 모든 사람이 내가 하는 일에 긍정적이진 않아도 분명 공감해

줄 사람, 동참할 사람, 소개해 줄 사람이 있습니다. 사람들은 누구나 외롭습니다. 누군가 자신에게 다가와 준다면 좀 까칠한 사람일지라도 호감이 가게 마련입니다. 내가 먼저 타인에게 다가서기를 시도하면 우리는 충분히 지금보다 나은 관계를 만들 수 있습니다.

내가 어떤 이익을 기대하며 다가간다면 사람들의 반응에 예민해질 수밖에 없습니다. 이것이 바로 거절을 두려워하는 이유입니다. 아무 기대감 없이 상대에게 편하게 다가간다고 생각해 보세요. 상대가 거절한다고 해서 크게 마음 아플 일도 없습니다. 상대의 거절은 자신을 보호하기 위해 자신도 모르게 행하는 태도일 뿐입니다.

사람은 기본적으로 먼저 거절부터 하는 습성을 가지고 있습니다. 그러므로 좀 더 이야기를 나누어 보면 자신을 보호하기 위한 거절이었음을 알게 됩니다. 내가 기분 나쁘지 않게 말을 걸었다면 상대가 기분 나쁘게 거절할 이유는 없습니다. 그냥 단순히 불편하다는 신호일 뿐입니다. 거절 뒤에 긍정이 숨어 있다는 사실을 인지하고, 그저 누군가와 소통을 하기 위해 지나가야 할, 조금은 불편한 통과의례라 생각하면 됩니다.

· 만나라 ·
간단히 인사를 했을 뿐인데

사업을 하다 보면 많은 사람을 만나게 됩니다. 업무상으로 그들에게 나를 인식시키는 일은 매우 중요합니다. 나중에 어디서 어떻게 만날지 모르기 때문입니다. 첫인상에서 좋은 느낌을 주는 것이 나중에 엄청난 행운을 가져다줄지도 모를 일이죠. 세상은 돌고 돕니다. 사람 또한 돌고 돕니다. 나를 스쳐 간 인연과 우연한 곳에서 마주칠지도 모릅니다.

사무실 앞에 식당이 생겼습니다. 가깝기도 하고 정갈하게 나오는 반찬들이 입에 맞아서 자주 애용했습니다. 어느 날 혼자 밥을 먹으러 갔다가 식당 문 앞에서 한 무리의 남성들과 마주쳤습니다. 그런데 마주친 일행 한 분이 저에게 인사를 합니다.

"안녕하세요."

나도 얼떨결에 답례했습니다.

"예, 안녕하세요."

"와! 여기 밥이 맛있네요. 많이 드세요."

"예! 감사합니다."

　자리를 잡고 앉아서 한참을 생각해도 인사를 나눈 분이 누구인지 도무지 떠오르지 않았습니다. 매우 낯익은 얼굴인데 연예인 같기도 하고, 아닌 거 같기도 합니다. 사무실 건물에서 본 분인가 싶기도 합니다. 개인사를 묻지 않는 것을 보면 분명 아는 사이는 아닌데 말입니다. 그래서 식당 직원에게 물었습니다.

　"방금 나간 분이 누구세요?"

　"아, 그분이요? 우리 시의 시장님이시잖아요."

　그제야 생각났습니다. 벽보에서 본 인물이라 낯익게 느낀 것입니다. 그분은 정치인이었습니다. 그저 정치인의 습관대로 인사가 몸에 배어 제게도 건넨 것뿐입니다. 인사라는 건 단순한 행동이지만 매우 기억에 오래 남습니다. 저는 그때 문득 이런 생각을 했습니다. '때로는 서비스업 하시는 분들이 정치인의 마인드를 가져야겠구나'라고요.

　사실 저는 시장 선거에 누가 나오는지 관심이 없습니다. 하지만 그날 이후로 만약 시장선거를 또 한 번 한다면 그분에게 투표할 것 같습니다. 한 번의 인사가 이토록 강렬할 수 있다는 사실에 새삼 놀랍습니다. 저는 인사를 잘 하는 사람이 아니었습니다. 하지만 그날 이후로 '인사'라는 단순한 행동에 많은 것을 느끼게 되었습니다. 단골처럼 드나들었던 그 식당 사장님에게도 제대로 받아 보지 못했던 인사를, 처음 만난 정치인에게서 받았기 때문입니다.

이지훈 저자의 『혼, 창, 통』에도 인사를 잘하는 일본 식당 이야기가 나옵니다. 식당에 손님이 들어오면 모든 직원이 일제히 인사를 한다고 합니다. 건배할 일이 있으면 먼저 건배사를 종이에 적어 달라고 한 뒤 모든 직원이 손님과 같이 건배사를 외친답니다. 이런 보이지 않는 노력이 특별함을 만들어내는 것입니다. 그 식당의 사장님은 직원들을 교육시켜 직원들이 창업할 수 있도록 돕는 것으로 유명한데요. 이러한 인사법 교육은 최고의 선물이 될 것입니다.

인사 한 번으로 누가 나를 기억해 준다는 말이 좀 억지스러운가요? 하지만 최소한 적을 만들지는 않습니다. 일하다 보면 생각지도 않은 인연으로 이어지는 경우도 많습니다. 처음 본 사이지만 인사를 나눈 사람과 다음 장소에서 우연히 마주쳤다면 그 계약은 어떻게 진행될까요?

처음 간 지역에서 식사를 하기 위해 식당을 검색해서 들렀습니다. 서빙을 하러 오신 분이 갑자기 저에게 인사를 하면서 알은체를 했습니다.

"안녕하세요. 여기까지 오시나 봐요? 하시는 일은 잘되나요?"

"예? 혹시 저를 아세요?"

"제가 다른 곳에서 일할 때 저에게 명함 주시면서 인사하신 적이 있는데요. 아마 기억 못 하실 겁니다."

"죄송합니다. 몰라봤네요. 이렇게 멀리서 뵙게 되니 반갑네요."

사실 저는 그분이 하나도 기억나지 않았습니다. 하지만 아주 짧은 순간 스쳐 지나가듯이 인사한 기억을 누군가는 가지고 있다는 사실이 놀라웠습니다. 아무도 아는 이가 없는 곳에서 나를 알아봐 주는 사람이 있다는 것은 감동적이면서 행복한 일입니다. 그날 이후, 언제 어디서든 처신을 잘해야겠다는 생각이 가득했습니다. 그날 그곳에서 전화번호를 받은 후 지금까지 저는 그분과 소중한 인연을 이어 가고 있습니다.

인사나 첫 만남에서 나누는 대화는 자신을 각인시킬 수 있는 중요한 순간입니다. 특별히 더 신경을 쓴다면 좋은 관계로 발전할 수 있습니다. 가장 좋은 것은 자연스러운 질문식 대화법을 이어가는 것입니다. 저는 육하원칙에 따라 질문합니다.

"언제부터 하셨어요?"

"어디서 하셨어요?"

"왜 하셨어요?"

"누구와 하셨어요?"

"어떻게 이렇게 오래 하세요?

자신에 대해서 궁금해하고, 질문하는 사람을 어떻게 기억하지 않겠습니까? 어차피 스쳐 갈 사람이지만 이왕이면 나를 각인시킬 수 있는 무언가를 보여 주는 것이 좋습니다. 자신의 업무를 알려 주고 싶은 분들이라면 명함 하나만 건네서는 안 됩니다. 명함과 함께 질문도 건네는 게 좋습니다. '혹시 우리 서비스나 제품을 사용해 본 적이 있는지' 물어보는 겁니다. 사용한 적이 있다면 '언제, 어디서, 누구에게, 어떻게, 왜 구매했는지' 물어봅니다. 처음에는 불편해할지 모르지만 하나의 질문에 대답하기 시작하면 대화는 자연스럽게 이어지고, 다음에 만나도 잘 기억하게 됩니다.

실제로 이런 일이 수개월 반복되면 동종업계에서는 알아보는 사람이 많아집니다. 나는 기억이 나지 않아도 상대가 나를 알아보는 사례가 늘어납니다. 그 정도 되면 하는 일이 더 쉽게 진행됩니다.

무려 1년이 지나서 전화를 준 사람이 있습니다. 나는 기억에 없는데 상대는 나와 대화한 것까지 모두 기억을 하더군요. 정말 죄송했습니다. 그럴 때는 기억을 한다는 듯이 대화하면 됩니다.

"그런데 1년 만에 전화하신 이유를 여쭤봐도 될까요?"

"제가 명함을 잃어버려서 전화를 못 하고 있었어요. 그런데 오늘 명함 정리하다가 발견했어요. 그래서 1년 만에 전화했네요."

"다른 사람도 있을 텐데 왜 저에게 전화하셨는지 궁금하네요."

"그냥 그때 사장님 인상이 좋았어요."

인상이 좋다는 말, 아주 기분 좋은 이야깁니다. 이런 말을 듣고 싶다면 자주 인사하는 것은 기본입니다. 여기에 관심사가 될 질문을 해 보면 더 좋습니다.

One Point Pick !
그냥 스치는 인연이 필연으로 이어지기 위해 반드시 필요한 것은 웃으며 건네는 인사다.

· 만나라 ·
사람들에게 먼저 다가가라

　　　　　　우리는 먼저 다가서기보다는 누군가가 나에게 다가와 주기를 바랍니다. 사실 이는 영업을 잘하지 못하는 사람들의 공통적인 생각입니다. 누군가 먼저 다가와 주기를 바란다면, 그 누군가가 내가 되면 어떨까요?

　물건을 살 의향을 가지고 저에게 전화하는 분들이 종종 있습니다. 한참이나 이것저것 물어보는 질문에 성실히 답변했지만, "나중에 필요하면 연락드릴게요."라는 말을 들으면 맥이 빠지는 것은 사실입니다.

　며칠이 지나 다시 그분에게 전화합니다.

　"혹시 생각해 보셨나요?"

"이번에는 계약을 못 할 것 같아요."라는 말을 들을 수도 있지만, "아, 제가 전화한다는 것을 잊고 있었네요."라면서 계약으로 이어지는 경우도 많습니다. 사람들은 '나중에 연락드릴게요'라는 말을 한 뒤에 연락이 끊기면 거절의 의미로 생각하지만, 의외로 잊어버리거나 귀찮아서 하지 않는 경우도 많습니다. 이럴 때는 먼저 전화를 해 보는 것도 좋습니다. 아직 고민 중인 분이라면 결정하도록 돕는 것도 판매 전략 중 하나입니다.

15년 전에 장인어른이 구매할 차를 같이 보러 가자고 한 적이 있습니다. 꼭 OO에서 나온 자동차를 구매하고 싶다고 하셔서 근처 매장에 들렀습니다. 여성분이 안내를 해 주셨는데 이미지가 참 좋았습니다. 하지만 다른 영업자를 알고 있기에 그 여성분과 거래하지는 않았습니다. 어느 날 장인어른이 "매장에서 만난 그 여자에게 차를 살 걸 그랬어."라고 하시기에 이유를 여쭈어 보았습니다.

"그 사원은 지금도 문자를 보내고 얼마 전에 전화도 왔어. 너무 미안한 거야. 그런데 차를 팔았던 그 남자는 한 번도 연락이 없어. 나중에 또 구매하면 그 여자에게 사야겠어."

그리고 10년이 지난 어느 날 우연히 자동차 매장에 들렀다가 그 여성분의 안부를 물었습니다.

"혹시 여기서 근무하시던 여성분 지금도 계시나요?"

"아! 그분요. 지금은 여기에 안 계세요."

"그만두셨나요?"

"아니요. 다른 곳으로 스카우트되셨습니다. 그분 영업 참 잘하시는 분이거든요."

그럼 그렇지, 역시 다르다고 생각했는데 내 생각이 맞았습니다.

저도 거래처와 고객들에게 자주 전화하려고 애씁니다. 전화하면 재미있는 일도 벌어집니다.

"그러잖아도 전화하려고 했는데 마침 전화를 잘 하셨네요."라는 대답을 들을 때가 많습니다. 고객이 먼저 전화하는 경우는 별로 없습니다. 이쪽에서 전화를 해야 그때 볼일이 있다고 합니다. 사람들은 누구나 바쁘게 살기 때문에 자신에게 꼭 필요하고 절박하지 않으면 먼저 연락하는 경우는 드뭅니다. 하지만 연락을 받으면 마침 그때 주문을 하거나 질문을 합니다.

어떤 분이 저에게 이런 질문을 했습니다.

"거래도 안 하는데 왜 그렇게 계속 연락하세요?" 그러면 저는 이렇게 대답합니다.

"제가 아직도 이 일을 하고 있다는 것을 알려 드리는 거죠. 언젠가 제가 필요할 때가 올지도 모르니까요."

그리고 고객님과 관계가 없는 일처럼 보여도 다른 문제로 이어지기도 합니다. 사람들은 저하고 거래만 하는 것은 아니거든요. 일자리를 소개해 주기도 하고, 사람을 소개해 주기도 합니다. 이번에 책이 나올 거라 하니 꼭 구매하겠다고 말하기도 합니다. 카톡 가족사진을 보고 아이들 물건을 챙겨 주기도 합니다.

판매왕 조 지라드가 쓴 『세일즈 불변의 법칙 12』를 읽으면서 이런저런 과거의 기억들이 떠올랐습니다. 조 지라드는 자신의 매장에 방문한 고객은 구매 의사가 있으므로 반드시 구매할 것이라 생각하고 상대한다고 합니다. 자신에게 차를 구매하지 않은 고객에게도 연락해서 문제가 무엇이었는지 점검합니다. 그리고 자주 친구처럼 연락합니다. 모든 사람은 잠재 고객이기 때문입니다. 분명 문자보다는 편지가, 편지보다는 전화가, 전화보다는 한 번쯤 얼굴을 보는 것이 최고의 영업입니다.

그 중에서도 가장 강력한 마케팅은 소개입니다. 소개는 가까운 사람에게서 일어납니다. 그러려면 먼저 친구가 되어야 합니다. 친구가 되려면 자주 얼굴을 보고 접점을 가져야 하죠. 이런 것이 영업 마인드입니다. 많은 사람과 좋은 관계를 유지하는 것은 중요한 일입니다. 그래서 영업은 나를 바꾸는 일이기도 합니다.

인간 관계도 마찬가지라 생각합니다. 카톡 메시지 보다는 전화가, 전화보다는 찾아가는 것이 관계를 유지하는 최고의 방법입니다. 일을 잘하는 사람들은 항상 사람들을 만나고 이야기하며 어떤 일이든 현재형으로 추진합니다. 언제부터인가 친구들이나 주변 사람들에게 먼저 전화를 하기 시작했습니다. 그러다가 생각지도 않은 결혼식에

참석한 적도 있습니다. 전화한 날이 장례식이라서 조의금을 보낸 적
도 있습니다.

　세상에는 영업 아닌 것이 없습니다. 전화 안부를 묻는 것은 나를
영업하는 것입니다. 꼭 제품이 아니더라도 이미지, 태도, 관계, 지식
등 팔아야 할 것이 무궁무진합니다. 가만히 있으면 아무것도 나아지
지 않습니다. 먼저 다가서고 이야기 나누는 자세는 관계를 만드는
첫걸음입니다. 사람은 누구나 자신을 찾아주고 존중해 주는 사람에
게 상응하는 대가를 주게 마련입니다.

One Point Pick !
SNS 메시지보다는 전화가, 전화보다는 찾아가는 것이 관계를 유지하
는 최고의 방법이다.

· 만나라 ·
거절당하는 연습

우리 일상의 대부분은 거절의 연속입니다. 거절을 받기도 하고, 거절을 하기도 합니다. 거절하는 것도 연습이고, 받은 거절에 무뎌지는 것도 연습입니다. 평소에 거절을 연습해 두지 않으면 거절에 관련해서 늘 예민해질 수밖에 없습니다. 거절도 일종의 상처를 남기는데, 이런 상처들이 쌓이면 다소 무뎌집니다. 하지만 거절당하는 것이 두려워 피하다 보면 영원히 거절에 대한 굳은살은 생기지 않습니다. 그래서 일상에서 거절당하는 연습을 수시로 해야 합니다.

저는 웬만하면 식당에서 식사하고 나올 때 명함을 주는 편입니다. '내가 당신의 영업장에서 서비스를 이용했기 때문에 언젠가 당신도 나의 서비스를 이용해야 한다.'라는 무언의 압박일지도 모릅니다. 대부분은 거절하지만 상관없습니다. 거절할 것을 미리 예상하고 하는 행동이니까요. 하지만 뜻하지 않게 좋은 결과로 이어지기도 합니다.

어느 날 명함을 주고 계산대의 주인과 대화를 나누게 되었습니다. 명함을 내밀자 뻔한 답이 돌아옵니다.

"예. 검토해 보고 연락드리겠습니다."

주인과 대화를 주고받고 웃으며 돌아서 나오다가 다시 계산대로 눈길을 돌렸습니다. 그때 주인이 명함을 쓰레기통에 던지는 것을 보게 되었습니다. 그래서 다시 계산대로 돌아가 말했습니다.

"혹시 제 명함이 기분 나쁘셨다면 돌려주시기 바랍니다."

주인은 깜짝 놀라며 명함을 쓰레기통에서 주워 난처한 듯이 사과했습니다.

"정말 죄송합니다. 이게 습관이 돼서 나도 모르게 이렇게 됐네요."

저는 크게 웃으면서 명함을 받았습니다.

"아니요. 괜찮습니다. 그럴 수도 있죠. 그런데 다음에는 제가 완전히 나간 다음에 버려 주세요."

주인은 얼마나 민망하고 미안해하던지 다시 제 명함을 달라고 조르더니 자신의 계산대 보관함에 꽂아 두었습니다. 이 모습을 본 일행이 저에게 말하더군요.

"대단하시네요. 완전히 갑과 을의 태세가 바뀌어 버렸어요."

저는 이렇게 대답했습니다.

"원래 갑은 저죠. 이 식당에서 밥을 먹은 손님이니까요. 우리는 명함을 줄 때 을이 된다는 생각을 할 필요가 없어요. 명함을 주는 게 쉬운 일은 아니에요. 명함을 아무리 주어도 기대 이상의 결과가 나오지도 않고요. 그래서 알았습니다. 명함을 주는 것은 말을 걸기 위한 도구라는 것을요."

"무슨 말이죠?"

"명함을 주고 나와 봐야 소용이 없어요. 명함은 단지 인사일 뿐이고 그 자리에서 말을 해야 합니다. 왜 명함을 주는지, 상대에게 어떤 혜택이 있는지, 상대가 원하는 것이 무엇인지, 관심도가 어느 정도 되는지를 물어야죠. 명함만 주고 연락을 기다리는 일은 바보스러운 거예요. 그 자리에서 충분히 나를 어필해야 합니다."

거절에 대한 문제는 아무리 책을 읽고 깨달아도 실천하지 못하면 아무 소용이 없습니다.

거래처를 만들기 위해서 활동할 때의 일입니다. 일단 만나야 일을 만들 수 있다고 생각한 저는 무작정 아무 곳이나 찾아갑니다. 가서 용건을 이야기합니다. 거절할 걸 알고 있지만 일단 제안을 해 봅니다.

"사장님이 좋아할 조건이 있는데요. 한번 들어보시죠!"

"우리는 이미 거래하는 곳이 있어요. 다른 데 가 보세요!"

예상대로 사장님은 단호하게 거절하셨습니다. 일단 순순히 포기하고 물러섭니다.

"예. 다음에 다시 한번 들르겠습니다."

사장님은 다시 한번 냉정하게 대답합니다.

"들를 필요 없어요."

열흘 정도 지나고 다시 그곳을 들렀습니다.

"안녕하세요. 저 기억하시죠?"

"누구시더라?"

"열흘 전에 제안 드렸던 사람입니다."

"아, 난 또 누구라고. 우리 거래하는 데 있다고 말했을 텐데요."

"예. 알아요. 그냥 지나가다가 들렀습니다. 나중에 꼭 한번 조건을 들어보세요."

"헛수고입니다."

열흘 후에 다시 들릅니다. 그리고 또 반갑게 인사를 합니다.

"안녕하세요. 기억하시죠?"

"아. 기억하죠. 몇 번을 이야기해야 알아들어. 참 끈질기구먼. 이왕 왔으니 커피 한잔하고 가요."

"예! 감사합니다."

사소한 대화가 시작되자 사장님은 자신이 어떻게 이 일을 시작했는지부터 길고 긴 무용담을 늘어놓습니다. 저는 열심히 들었습니다. 여러 번 봤으니 업무가 아니더라도 뭔지 모를 가느다란 인연의 실이 하나 연결된 것입니다.

그렇게 주기적으로 몇 번을 들리고 이야기 나누었습니다. 차도 마시고 서로를 알아가던 어느 날이었습니다. 사장님이 먼저 연락을 주셨습니다.

"혹시, 그 물건 바로 줄 수 있어요?"

"네! 그럼요. 바로 가겠습니다."

주문서를 작성할 겸 거래처에 들렀더니 사장님께서 이런 말씀을 하십니다.

"기존 거래처가 꼭 필요하고 바쁠 때 한 번씩 전화를 안 받아요. 갑자기 부탁했는데 빨리 가져다줘서 고마워요. 담에 좀 더 시킬게요."

그렇습니다. 그렇게 거래처는 나에게 넘어왔습니다.

세상에는 원래 있던 것은 없습니다. 누군가의 노력으로 만들어진 것입니다. 하지만 그 노력을 꾸준히 하는 사람은 많지 않습니다. 지금은 다른 쪽과 거래를 하고 있지만 더 노력하고 기다리면 언젠가 나에게 기회가 옵니다. 경쟁 상대들은 시간이 지나면서 소홀해지는 틈이 생기게 마련입니다. 그때 내가 거기에 있으면 됩니다.

수많은 자기계발서는 한 번 거절을 영원한 거절로 받아들이지 말라고 말합니다. 하지만 문득 누군가의 앞에 서면 우리는 거절에 대한 두려움을 가집니다. 책을 아무리 읽고 지식을 쌓아도 소용이 없습니다. 입이 떨어지지 않고 자연스러움을 잃습니다. 거절의 두려움은 자존감을 땅에 떨어뜨리기 때문입니다. 어쩌면 자신의 존재 자체가 부정당하는 느낌을 받을지도 모릅니다.

거절은 내가 어떻게 받아들이느냐의 문제입니다. 이것은 결단의 문제라기보다 연습의 문제입니다. 거절의 두려움은 아무리 결단해도 해결하기 힘든 문제입니다. 그러니 그냥 온전히 받아들이고 무뎌져야 합니다. 실천을 반복하다 보면 방법을 찾게 되고 더 자연스러워집니다.

나폴레온 힐의 『놓치고 싶지 않은 나의 꿈, 나의 인생』에 거절을 두려워하지 않는 소녀의 이야기가 나옵니다. 주인은 자신에게 손을 내밀고 그 자리를 떠나지 않는 소녀에게 1달러를 주고 맙니다. 왜 그 소녀에게 압도당했는지 주인은 한참을 생각합니다. 거절을 두려워하지 않고 자리를 지키는 용기에 주인은 자신도 모르게 요구 조건을 들어준 것입니다. 나는 이 이야기에 무척 감명을 받았습니다. 내가 당당하면 상대는 자신에게 문제가 있는지 점검하게 됩니다. 식사를 하고 나오는 식당에서 어떤 명함이든 건네는 연습을 해 보세요. 물건을 구매하고 나오는 매장에서도 명함을 주고 거절을 받아 보세요.

몇 달 전에 읽은 고가 후미타케와 기시미 이치로의 『미움받을 용기』에서 감탄한 내용이 있습니다. 사람은 거절 받기, 미움받기를 매우 두려워합니다. 하지만 거절하는 것도 타인의 문제라고 생각하면 문제가 되지 않습니다. 그저 나는 내가 하고 싶은 것을 했다고 생각하면 그만입니다. 거절하는 상대를 미워할 필요도 없습니다. 그건 그 사람의 문제니까요. 우리도 수많은 텔레마케팅과 영업에 거절을 하니까 거절당하는 것이 당연합니다. 그런데 재미있는 사실은 한번 쯤은 나의 제안을 받아들이는 사람도 있다는 겁니다.

지인이 텔레마케팅 보험영업을 시작했습니다. 그래서 물었습니다.

"그렇게 해서 보험을 드는 사람이 있어요?"

"저도 안 될 줄 알았는데요. 하루에 한 건, 이틀에 한 건 가입하는 사람이 정말 있어요."

하루에 100통 전화를 돌려서 한 건 올리면 대성공입니다. 세상에 100% 안 되는 일도 없고, 100% 되는 일도 없습니다.

대니얼 카너먼이 쓴 『생각에 관한 생각』을 보면 보통 사람은 한 번, 두 번의 거절로 모두 거절당하리라 생각합니다. 부정적 감정은 쉽게 학습이 되기 때문입니다. 하지만 절대 그렇지 않습니다. 누군가는 내가 하는 말에 관심을 보입니다. 모든 사람이 거절하리라는 것은 심각한 오류입니다. 여러 번 해 보면 내 실력으로 몇 번의 도전에 몇 번의 성공이라는 평균값이 나옵니다. 그것이 진짜 내 실력입니다.

One Point Pick !
거절을 두려워하면 아무것도 할 수 없다.

· 만나라 ·
어깨를 펴고 당당해져라

사람들의 머릿속에는 나름대로 실력에 따른 수준 차가 존재합니다. 그것을 보이지 않게 서열화하고 어느새 자신의 위치를 정합니다. 그러고는 그것을 넘어서는 것이 어렵다고 스스로 단념합니다.

팀 내에서 D 씨로부터 상담 요청을 받았습니다.

"내년 목표를 달성하기 위해 어떻게 해야 할지 모르겠습니다."

이야기를 들어보니 내년 목표는 어렵지 않게 이룰 수 있을 것 같았습니다.

"일단 팀 내에서 벤치마킹 대상자를 선정해 보죠. A 씨 어때요? 그분이 하는 것을 잘 보고 따라 해 보는 게 좋겠어요. 그리고 그분의 페이스에 올라타 보는 거죠. 마라톤 하듯이 말이죠."

그런데 D 씨가 하는 말이 놀랍습니다.

"아휴, A 씨는 저와 비교할 수 없는 수준입니다. 저는 아무리 노력해도 A 씨처럼 할 수는 없어요."

나는 흥미롭다는 표정을 지으며 이유를 물었습니다.

"왜 그렇게 생각하시죠?"

"실적만 봐도 차이가 엄청난 걸요."

"그래요? 그럼 B 씨는 어때요?"

"B 씨도 만만치는 않은 것 같아요."

"그럼, C 씨로 할까요?"

"네. 그 정도면 어느 정도 따라갈 수 있을 것 같습니다."

저는 과감하게 말했습니다.

"자신의 마음속에 있는 허들을 먼저 치우세요. 목표를 이루려면 수준을 더 높게 잡으셔야 합니다."

다른 E 씨를 상담했습니다. 이분도 내년 목표에 대해서 고민하고 있습니다.

"말씀드린 목표를 달성할 수 있을까요?"

저는 그분의 고민에 이렇게 대답했습니다.

"당연히 달성할 수 있고말고요. 좀 더 목표를 높이 잡으셔도 문제없습니다."

"아니요. 재작년이나 작년을 보더라도 그건 불가능할 거 같습니다."

저는 그의 빠른 포기가 답답했습니다.

"그럼, E 씨보다 늦게 들어온 사람들이 더 높은 목표를 설정하는 건 어떻게 설명하실 건가요?"

"그분들이야 워낙 재능이 있는 분들이니까요."

자신 없어했지만 오랜 설득 끝에 A 씨를 벤치마킹하기로 결정했습니다. 하나하나 도전하고 연습하자 실적이 조금씩 향상되기 시작했고, 지금은 E 씨가 A 씨보다 더 많은 성과를 내는 사람이 되었습니다.

학생들 역시 서열을 늘 마음에 담아둡니다. 이들에게는 눈에 보이는 성적 서열이 존재하죠. 그런데 이 서열은 실제 실력보다 어떤 마음가짐을 갖느냐에 따라 많은 영향을 받습니다. 한 학교에서 같은 반의 하위권 학생들을 다른 반으로 옮기자 상위권 학생들 성적이 떨어졌습니다. 다시 낮은 성적의 학생들과 합반을 하자 상위권 학생들의 성적이 올라갔습니다. 성적이 높은 학생들은 상대적으로 성적이 낮은 학생들을 보며 자신들의 우수함에 자신감이 생깁니다. 성적이 좋은 학생들은 이런 자부심을 통해 더 나은 성적을 유지하게 되는 겁니다.

만약 일에 자신감이 없어 목표를 낮게 잡는다면 이는 그저 나를 위함이 아닌, 팀을 위해 공헌하는 셈입니다. 누군가는 내 성적에 위로받고 더 우수한 자신을 뽐낼 테니까요. 서열은 어쩔 수 없는 것이 아닙니다. 성공하는 사람들은 그 서열을 과감하게 깨고 나아가는 사람입니다. 세상에 당연한 것은 없습니다. 서열도 누가 정해 준 것이 아닙니다. 스스로 정한 것입니다.

심리학자 제시카 트레이시가 쓴 『프라이드』에 따르면 자부심은 우리가 보여 줄 수 있는 최고의 모습입니다. 서열화는 아무리 동료애가 끈끈한, 분위기 좋은 팀이 만들어져도 시간이 흐름에 따라 자연스럽게 생성됩니다. 높은 서열을 보이는 사람들은 당연히 높은 프라이드를 가진 사람들입니다. 동물처럼 쟁탈전을 치르지는 않지만, 빠른 실적과 당당함으로 타인을 장악해 갑니다. 서열화에서 뒤처지지 않기 위해 우리는 처음부터 당당한 모습을 보여야 합니다.

『12가지 인생의 법칙』에서 조던 피터슨이 '어깨를 펴고 똑바로 서라.'를 첫 번째로 강조한 이유도 바로 이 때문입니다. 서열에서 밀리지 않기 위해서죠. 우수한 위치에 있으면 더 많은 자원을 얻게 되고, 더 우수한 성적을 낼 수 있습니다. 조던 피터슨은 우수한 서열의 사람들이 시장의 50% 이상을 가져간다고 말합니다. 그리고 두 번째 서열의 사람들이 나머지의 50%를 가져갑니다. 그리고 나머지 사람들이 그 나머지 시장을 가져갑니다.

자부심을 가지세요. 어깨를 펴고 자신 있게 걸으세요. 사람을 만나면 당당하게 보이고, 확신에 찬 말을 하세요. 우리가 패배자의 모습을 하고 있으면 사람들은 우리를 패배자로 대합니다. 하지만 우리가 당당한 자세를 보이면, 사람들 역시 우리를 다르게 봅니다. 스스로가 서열화를 넘어서고 거부할 줄 알아야 합니다.

누군가를 만날 때 당당하게 어깨를 펴고 만나세요. 명함을 줄 때도 당당한 모습을 보여야 상대는 궁금해합니다. 저자세로 주는 명함은 별로 받고 싶지 않습니다. 당당하면 팔려는 물건에도 신뢰가 가고, 나에게 뭔가 다른 이득을 주는 것이 있나 하는 마음이 듭니다. 뭔가를 팔아야 한다면 상대에게 꼭 필요한 물건을 제공한다는 마음으로 다가서길 바랍니다.

One Point Pick !
삶의 의욕을 끌어올리려면 어깨를 펴고 당당한 자세를 먼저 가져라!

·만나라·
상대를 바꾸려고 하지 마라

많은 사람이 '어떻게 하면 사람을 움직이게 할 수 있을까?' 궁금해합니다. 저도 그 방법을 배우고 싶어서 지금도 공부 중입니다. 가장 좋은 방법은 상대가 스스로 움직이도록 기다리는 것입니다. 상대가 내 맘대로 되지 않더라도 꾸준히 만나고 기다리면 됩니다. 내가 옳다면 언젠가 상대는 내 심중을 이해할 것입니다.

같이 일하던 분이 대중교통을 이용하면서 체력적 한계를 느끼고 고민을 하는 모습을 보였습니다.

"운전을 직접 하시는 건 어떨까요?"

그러자 제 말에 정색하며 대답하더군요.

"저는 운전은 절대 못 해요. 너무 무서워요."

그래도 해야 한다는 제 말에 계속 같은 말을 반복합니다.

"아니요. 다른 건 몰라도 운전은 절대 못 해요. 제가 하려면 벌써 했죠. 다른 건 몰라도 그건 안 돼요."

"분명히 하실 수 있습니다. 용기를 내보세요!"

그 이후로도 몇 번의 제안을 했지만, 번번이 거절로 끝났습니다. 어쩔 수 없이 물러설 수밖에 없었고 그냥 두고 보기로 했습니다.

그러던 어느 날, 그 분은 드디어 "저 운전 배우기로 했어요!"라고 기쁜 목소리로 의지를 다졌습니다.

그는 그렇게 다짐한 뒤로 금세 운전을 배우고 경차를 구매했습니다. 어느 날 제가 그 차를 얻어 탈 일이 생겼습니다.

그분이 운전하며 말했습니다.

"왜 그때 진작 운전할 생각을 안 했는지 모르겠어요."

고속도로를 100킬로미터의 속도로 달리는 모습을 보면서 생각했습니다.

'사람은 스스로 필요성이 생겨야 행동하는구나.'

『탈무드』에 이런 말이 나옵니다. "말을 강가까지 끌고 갈 수는 있으나 말에게 물을 마시게 할 수는 없다." 그래도 우리는 말을 강으로 끌고 가는 노력은 해야 한다고 생각합니다. 나의 제안은 번번이 거절당했지만 '왜 해야 하는지'에 대해서는 계속 알려 주었습니다. 이 것이 타인을 도울 때 가장 어려운 숙제입니다. 때로는 오해를 받기도 하고 거절을 당하기도 합니다. 본인을 위한 일인데도 말입니다. 아이를 가르칠 때도 마찬가지입니다. 부모가 해 줄 수 있는 것은 이유를 이야기해 주고 난 후 기다려주는 것입니다. 저도 제가 하고 싶은 대로 다 해 본 후에야 가야 할 길을 찾은 것 같습니다.

클라우드 M. 브리스톨의 『신념의 마력』에서 '신념은 확신보다 더 강력한 믿음'이라고 합니다. 자신이 믿는 바를 굳게 믿는 것이 변화의 시작이라는 것이죠. 누구나 믿음대로 변할 수 있습니다. 자신을 믿는 것은 어쩌면 쉬운 일인지도 모르겠습니다. 더 어려운 것은 타인도 변화할 수 있다는 믿음을 유지하는 것입니다. 타인의 변화는 나의 변화보다 더 어렵습니다.

'나는 못 해!'라고 믿는 것도 강한 신념입니다. '나는 할 수 있어!'라는 것도 신념입니다. 어찌 되었든 우리는 믿는 대로 됩니다. 이왕이면 '할 수 있다'라는 믿음을 갖는 것이 자신에게 도움이 되지 않을까요? 타인을 변화시킬 때 우리가 할 수 있는 방법은 '당신도 할 수 있습니다.'라고 계속 이야기해 주는 것일지도 모릅니다. 하지만 그래도 자신을 믿지 못하는 사람들을 설득하는 가장 좋은 방법은 내가 먼저 해내는 것입니다.

누군가 이렇게 말한 것이 기억이 납니다. "주둥이로 가르치는 존재는 사람밖에 없다. 모든 동물은 직접 몸으로 보여 주고 가르친다."

상대가 변화하기를 원한다면 내가 먼저 변하는 모습을 보여 주는 것이 가장 좋은 방법입니다. 아이들에게도 내가 먼저 해내고 난 다음에 '우리 같이 해내자'라고 말하는 것이 가장 이상적인 설득입니다.

상대가 당연히 해야 할 행동을 하지 않고 있는 것은 아직 가슴으로 와 닿지 않았기 때문입니다. 그렇다고 억지로 하게 할 수는 없습니다. 우리는 변화의 방향과 이유를 안내한 후 시행착오를 거칠 때까지 인내의 시간을 가져야 합니다. 상대를 진정으로 사랑한다면 이 모든 기다림이 그다지 괴롭지 않을 겁니다. 문제는 상대를 바꾸기 위해서 내가 너무 큰 노력을 쏟고 있는 것은 아닌가 하는 생각이 들면서 감정적 소모를 하는 겁니다. 숨기지 못하는 나의 감정 때문에 상대와 불편해질 때도 있습니다. 사람은 바꾸려고 하면 할수록 더욱 견고해지는 특성을 보입니다. 그러니 왜 변해야 하는지, 어떤 결과가 초래될지 알려주고 기다리는 것이 가장 현명합니다.

One Point Pick !
타인을 바꾸거나 행동하게 할 수 없다. 변화의 방향과 이유를 설명한 후 기다리면 된다.

·만나라·
친절함으로 승부하라

사람은 받으면 돌려주려는 욕구를 갖고 있습니다. 사업을 하는 사람은 모든 사람이 자신의 고객이 될 수 있다는 것을 알아야 합니다. 내가 베푼 친절로 인해 고객이 감동하고, 그 감동이 지원군을 만듭니다. 내가 더 이상 이야기하지 않아도 주변에 소개하고 광고를 만들어내는 기적이 만들어집니다.

오전에 시내에서 누군가를 픽업할 일이 있어 약속 장소에 나갔습니다. 만나기로 한 시간이 좀 남아서 주차할 장소를 찾았습니다. 마침 아직 오픈하지 않은 카페가 있어 그 앞에 차를 세웠습니다. 잠시 차에 앉아있는데, 누군가 창문을 두드립니다. 창문을 내리자 카페 주인이 이렇게 말합니다.

"여기 장사하는 집이라 차를 세우시면 안 됩니다."

"죄송합니다. 오픈하면 바로 이동하겠습니다."

"안 됩니다. 빨리 빼 주세요."

"네. 죄송합니다."

참 인색하다는 생각을 했지만 달리 방법이 없었습니다. 다시 주차할 곳을 찾았습니다. 좀 더 길을 올라가자 또 다른 카페가 보였습니다. 거기도 아직은 불이 꺼져 있었습니다. 차를 앞에 세우고 시동을 끄자마자 카페 주인이 나오길래 먼저 요청했습니다.

"죄송한데요. 오픈하면 차를 빼 드릴게요. 금방 갈 거라서요. 잠시만 세우면 안 될까요?"

"30분 정도 여유가 있으니까 그 전에 이동 부탁드립니다."

"감사합니다."

갑자기 젊은 카페 주인이 달리 보이기 시작했습니다. 나는 잠시 후에 차에서 내려 카페 문을 열고 들어갔습니다.

"혹시 오픈 전에는 커피 주문이 안 되나요?"

"네. 제가 준비할 게 많아서요."

"그럼 아메리카노 두 잔 예약할게요. 오픈하시고 주세요."

딱히 커피를 마시고 싶다기보다는 친절에 대해 보답을 하고 싶었습니다. 사장님은 예약을 하고 기다린다는 말에 다시 말씀하셨습니다.

"급하시면 일단 오픈 전이라도 드릴게요."

"네. 그렇게 해 주세요. 저에게 도움을 주셨는데 저도 뭔가 해드려야죠."

카페에 커피 맛 때문에만 가는 것은 아닙니다. 주인의 친절함 때문에 가기도 합니다. 그 카페는 저에게 그런 곳이 되었습니다. 잠깐의 친절로 그 카페는 사람을 얻었습니다.

또 하나의 사례가 있습니다. 갑자기 주차할 곳이 마땅치 않아서 사무실 근처 식당 주차장에 잠시 차를 세웠습니다. 오후 3시가 넘어 주차장이 한산해서 잠시 실례를 한 것입니다. 사무실에서 물건을 가지고 왔더니 마침 사장님이 주차장에 나와 있더군요. 그런데 표정이 썩 좋지 않았습니다.

"이 차, 사장님 차예요?"

"아, 예. 죄송합니다. 잠시 실례했습니다. 금방 뺄게요."

"다음부터 이러지 마세요. 장사하는 집에 차를 함부로 대시면 어떡합니까?"

순간 할 말을 잃었습니다. 분명 허락 없이 주차한 내 불찰이긴 하지만, 쉽게 인정이 되지 않았습니다. 오히려 마음속에는 '그동안 내가 이 집에서 먹은 음식이 얼마인데…'라는 섭섭함이 밀려왔습니다. 속으로는 이렇게 말하고 싶었습니다. '그동안 식사한 비용만큼 주차비 빼주세요.' 물론 그 말을 내뱉지는 않았습니다. 조용히 다시는 그 식당을 가지 않았습니다.

김성오 저자의 『육일약국 갑시다』에서는 '고객을 영업부장으로 만들라'고 말합니다. 고객이 육일약국을 기억하게 하려고 택시 잔돈을 미리 준비하는 서비스도 제공했습니다. 택시 타고 오는 사람들이 동네의 랜드마크로 "육일약국 갑시다."라고 외치게 만든 것입니다. 동네 손님들에게 서비스할 것이 무엇인지 찾아서 해결해주며 약국을 홍보한 육일약국은 대한민국에서 가장 작은 약국이자, 마산에서 가장 유명한 약국이 되었습니다.

"가게 오픈 시간은 11시입니다. 그전까지는 자유롭게 이용하시되, 그 시간 이후에는 이동 부탁드립니다."

가끔 주차하기 어려울 때 카페 앞에 이런 문구를 보면 참 기분이 좋습니다. 별거 아닌 문구지만 이 문구 하나로 주인의 배려심과 마음 씀씀이가 보입니다. 그러면 우리는 저절로 그 가게로 발걸음을 옮기게 됩니다.

One Point Pick !
주변 사람들을 작은 웃음으로 편안하게 대한다면 아주 큰 것을 얻을 수 있다.

· 만나라 ·
절대 화내지 마라

　　사람을 만나다 보면 여러 가지로 힘든 일이 많습니다. 그중에서도 가장 힘든 것은 연락이 안 될 때입니다. 잠수를 타는 사람들은 대책이 없습니다. 어느 날 갑자기 연락이 끊어지고 소식이 없는 사람은 상대하기가 너무 힘이 듭니다. 하지만 생각보다 이런 사람이 매우 많습니다. 때로는 전략적으로 그렇게 행동하는 사람도 있습니다.

　　전문적으로 10년 가까이 보험업을 하던 분이 어느 날 연락이 되지 않은 적이 있습니다. 저는 그분을 만나야 했기에 백방으로 수소문해서 겨우 거주지를 알아냈습니다. 찾아가 만났더니 그분이 하는 말이 놀랍습니다. 개인 사정으로 보험업을 그만두게 되었다면서 일부러 전화를 받지 않았다고 하더군요. 이제는 자신이 서비스할 수 없으므로 연락을 받지 않는 것이 관례라고 하면서 사과했습니다. 어떤 일을 하든 절대 이런 행동을 해서는 안 됩니다. 언제 어디서든 다른 일로 다시 만날지도 모르기 때문입니다.

한번은 친한 고객이 전화를 받지 않는 일이 있었습니다. 며칠 동안 전화했는데도 답이 없었습니다. 부재중 통화가 찍혀 있으면 전화를 걸어 줄만도 한데 연락이 없어 조금 이상했습니다. 이쯤되면 별별 생각이 다 듭니다.

'내가 뭘 실수했나?'

'마지막 통화한 게 언제지? 그때 어떤 다른 느낌이 있었나?'

'혹시 무슨 사고라도 생겼나?'

부정적인 생각은 또다시 부정적인 생각으로 이어집니다. 그러다가 문득, '내가 무슨 생각을 하는 건가'하며 정신이 번쩍 들었습니다.

'그래, 이럴 때일수록 긍정적으로 생각하자. 확인되지 않은 사실을 가지고 벌써 결론을 내릴 필요는 없어.'

그냥 바빠서 전화를 못 받으셨나 보다 생각하고 편한 마음으로 다시 전화했습니다. 다행히 전화를 받았습니다.

"무슨 일이 있으셨나 봐요? 통화가 안 돼서 걱정했습니다."

"아, 죄송합니다. 사정이 있었어요."

"제가 근처인데 잠시 들러도 될까요?"

"그럼요, 마침 점심 먹으러 갈 건데 같이 식사나 해요!"

며칠 동안의 스트레스가 확 날아갑니다. 걱정했던 일이 아니어서 얼마나 다행인지 모릅니다. 식사를 하며 전화를 받지 못한 이유를 들었습니다.

"요즘 야외에서 하는 일이 많아서 휴대전화를 차에 두고 있었어요. 부재중 전화를 확인하고 회신하려니 저녁이라 실례가 될 것 같았어요. 결국 미루다 보니 이렇게 됐네요. 죄송합니다."

그분의 이야기를 듣고 보니 그럴 수도 있겠구나, 하고 안심이 되었습니다.

사실 평범한 이야기지만 많은 사람은 이런 상황에서 벗어나지 못해 괜한 오해를 하거나 화가 나서 결국 이유도 모른 채 서로 멀어지기도 합니다.

우리는 한 번 부정적인 틀에 갇히면 그 굴레에서 벗어나지 못하는 경향이 있습니다. 상대방조차도 기억하지 못하는 과거의 일까지 꺼내 상황에 억지로 끼워 맞춰 더 부정적인 틀로 들어갑니다. 그리고 그 생각 때문에 더욱 의기소침해지고 더 행동하지 않게 됩니다. 그저 피치 못할 사정으로 며칠 전화를 받지 못한 것 뿐인데 거기서 엉뚱한 결과를 도출해서 인정해 버리고 맙니다.

김상운 저자의 『왓칭』에는 이런 내용이 나옵니다. 에로넨 교수는 캐롤이라는 여자아이 사진 두 장을 학생들에게 보여 줍니다. 하나는

TV를 보는 사진이고, 다른 하나는 교수에게 숙제를 제출하는 사진입니다. 두 장의 사진을 보고 캐럴에 대해서 평가해 보게 했습니다. 너무나도 평범한 일상 속 사진 두 장만으로도 부정적 평가와 긍정적 평가가 동시에 나왔습니다.

에로넨 교수는 5년 후 실험에 참여했던 학생들을 추적해 놀라운 결과를 얻었습니다. 캐럴을 부정적으로 평가했던 학생들은 대학을 졸업한 후 대체로 불행한 삶을 살고 있었습니다. 취직이 안 되어 백수로 지내는 사람이 있는가 하면, 직장에서 어려움을 겪는 사람도 있었습니다. 반면 긍정적으로 평가했던 사람들은 어땠을까요? 놀랍게도 거의 행복한 삶을 살고 있었습니다. 좋은 직장에 취직해 만족스러운 대우를 받으며 승승장구하는 사람들이 많았습니다.

이 이야기를 통해 우리는 무엇을 느낄 수 있을까요? 긍정적인 시선입니다. 펩시콜라의 CEO가 된 인드라 누이의 부모님은 이런 가르침을 주었다고 합니다. "누가 말하거나 행동하든 긍정적인 의도를 가정하라. 사람이나 문제에 대한 전체 접근 방식이 어떻게 다른지 놀라게 될 것이다."

우리 주변에서 벌어지는 현상을 되도록 긍정적인 관점으로 바라보는 것이 중요합니다. 누군가 나를 미워한다면 좌절하고 화를 내고 분노할 것이 아니라, 내가 누군가를 싫어하듯, 남도 나를 싫어할 권리가 있다고 편하게 생각하는 겁니다. 그래서 긍정적으로 한 번 더 연락하고, 한 번 더 대화를 이끌어 보는 겁니다. 누구나 상황을 긍정적으로 바라보고 행동하는 사람에게 끌리게 되어 있습니다.

성공한 사람들의 대부분이 긍정적인 이유가 여기에 있습니다. 긍정적이어야 편하게 다시 전화할 수 있습니다. 두려울 게 없거든요. 긍정적인 생각으로 무슨 일이든 잘 될 거라는 믿음 때문에 밝고 편한 목소리로 전화할 수 있습니다. 부정적으로 생각했다면 전화가 되었더라도 초조하고 불안한 마음, 그리고 과거의 짜증스런 기억까지 더 해 이렇게 이야기할지 모릅니다.

"제가 몇 번이나 연락드렸는지 아세요? 아무리 그래도 답신은 해주셔야죠. 정말 너무 하신 거 아니에요? 몇 번이나 전화했는데 이건 아니죠."

전화를 받은 사람은 정말 아무 일 없었는데, 어쩌면 이 말 때문에 진짜 오해가 시작될지도 모릅니다.

One Point Pick !
혼자 오해하고 토라지기보다 현상을 긍정적인 관점에서 다시 바라보고 다가가라!

· 만나라 ·
'어떻게'보다는 '얼마나'

일을 시작할 때 효율성을 먼저 따지면 실수가 많이 발생합니다. 경험이 없기 때문이죠. 누구든 첫 시도에 성공하는 사람은 없습니다. 처음 업무를 시작할 때는 실수가 두려워서 완벽하게 해내려고 합니다. 하지만 실수하지 않고서는 한 발도 앞으로 나아갈 수 없다는 사실을 받아들여야 합니다.

언젠가 같은 분야에서 일하는 사람들과 친해지기로 마음먹고 그런 업종이 눈에 보이면 먼저 말을 걸고, 명함을 주었습니다. 만나는 분들마다 나를 알려야 했기 때문이죠.

어느 날 동종업계의 다른 사장님을 만나러 갔습니다. 그곳에서 안면이 있는 또 다른 분들을 만났습니다. 그분들은 매우 흥미로운 표정으로 저를 바라보며 물었습니다.

"안 가는 데가 없네요. 여기서 또 마주치네요."

"그렇네요. 세상은 생각보다 좁죠? 하하하!"

지인들과 인사를 하고 있는 저를 본 사장님이 묻더군요.

"어? 어떻게 이 사람들을 다 아세요?"

"예전에 일 때문에 이야기 나눈 적이 있는 분들입니다."

"와! 발이 엄청 넓으신가 봐요. 일을 잘하시나 봅니다?"

"그러게요. 일을 좀 많이 하긴 했네요. 일은 어떻게 하는지보다 얼마나 했는지가 더 중요한 것 같습니다."

어디선가 성공하는 사람들의 공통점 5가지에 대한 내용을 읽은 적이 있습니다.

첫째, 많이 하라.

둘째, 많이 하라.

셋째, 많이 하라.

넷째, 평균의 법칙을 활용하라.

다섯째, 평균 비율을 높여라.

이 말은 '많이 하라. 많이 만나라. 많이 도전하라. 그러면 평균이 나오고 그게 실력이 된다'는 말입니다.

글쓰기 책을 봐도 그렇고 직접 글을 쓰시는 분들에게 물어도 마찬가지입니다. 좋은 글을 쓰는 방법은 '일단 써라, 많이 써라'입니다. 영어공부를 시작하고 보면 '많이 읽어라, 많이 외워라, 많이 말하라'입니다. 성공한 사람들이 도전한 시간이나 노력을 숫자로 측정하고, 그것들보다 평균 이상으로 해낼 때 비슷한 결과를 얻을 수 있다는 말입니다.

대니얼 카너먼은 『생각에 관한 생각』에서 '소수의 법칙'에 대해 말합니다. 표본이 작으면 극단적 효과가 잘 나타나고, 표본이 크면 정확한 데이터를 얻을 수 있습니다. 어느 만큼이 적당한 표본인지 알기 어렵지만 사람들은 자신만의 기준으로 적당한 수준에서 얻어지는 결과를 신뢰합니다. 하지만 성공적인 결과를 내는 사람들은 많은 데이터를 통해 자기 실력을 점검합니다. 어느 정도 해야 어떤 결과가 나온다는 정확한 믿음을 가지고 있다는 말입니다.

실력 차이는 분명 있겠지만, 누구는 늘 더 좋은 기회를 만나고, 누구는 항상 좋지 않은 상황을 만나는 것은 아닙니다. 이런 것들은 거의 우연입니다. 우리가 할 수 있는 것은 무조건 많이 해 보는 겁니다. 많이 하면 평균값에 접근할 수 있기 때문입니다. 그 평균에서 얻어내는 것이 진짜 실력입니다.

제가 좋은 고객을 많이 만들어내는 것을 본 팀원이 이런 말을 했습니다.

"아무래도 여성 고객은 남성 판매원에게 끌리는 모양입니다."

"제가 볼 때 절대 그런 일은 없습니다. 여성들이라면 여성에게 더 신뢰를 보내겠죠."

사람들은 데이터를 정확하게 분석하기보다는 어림짐작하고, 부족한 데이터에서 원인을 찾으려 애쓰는 본능이 있습니다. 근거가 없는 원인을 진짜라고 믿는 겁니다. 제가 남자이고 결과가 좋다는 아주 단순한 사실에서 '남자라서 여성 고객들이 더 좋아한다'는 인과관계를 만들어낸 겁니다. 이는 생각보다 강력한 믿음 체계를 만들어 냅니다. 이를 극복하는 가장 좋은 방법은 누군가에게 자신의 데이터가 맞는지 확인해 보는 겁니다. 숫자로 정확하게 몇 번을 해야 하는지, 얼마나 해야 하는지, 그 이상으로 해 보고 결론을 내야 합니다. 의외로 세상은 공평한 기회를 우리에게 주고 있습니다. 타고난 실력보다 얼마나 더 많은 경험을 해봤느냐에 따라 우리의 능력은 탁월한 재능을 발휘할 수 있습니다.

One Point Pick !
일을 잘하는 것보다 중요한 것은 '많이 하는 것'이다.

· 만나라 ·
'역지사지'만 알아도 관계가 달라진다

사람을 만날 때 절대 잊지 말아야 하는 것은 상대가 무엇을 원하는지를 파악하는 것입니다. 친한 친구는 편안한 수다이거나 고민 상담일 것이고, 고객과의 만남은 원하는 제품을 좋은 가격에 사고 파는 것입니다. 이는 변하지 않는 조건입니다. 서로가 원하는 것이 무엇인지 정확하게 안다면 우리는 그것을 잘 준비해서 만나면 됩니다.

아내의 지인이 옷 가게를 개업했다고 해서 들러 보기로 했습니다. 아내가 이렇게 물었습니다.

"뭘 사 가면 좋을까?"

"그분이 좋아하는 것으로 사면 되지."

"그걸 잘 모르겠어. 엄청 친한 분은 아니라서. 친해져 보려고 하는 언니인데."

생각해 보니 사실 별거 없다는 생각이 들었습니다.

"화분 같은 거 사면 되지 않아?"

"이 시간에 어디 가서 화분을 사 가?"

사실 너무 뻔한 선물 같기도 했습니다. 얼마나 많은 사람이 화분에 자신의 이름을 붙여 보내겠습니까.

"음. 그럼 옷 가게니까 옷을 하나 사줘."

"그럴까?"

"아무래도 개업했으니 장사가 잘되기를 얼마나 간절히 바라겠어. 하루 매상에도 예민할 거고. 옷이 참 마음에 든다고 하고 구매해 주면 좋겠는데. 기분도 좋아지고 매출도 오르고."

가게에서 축하 인사를 나누며 아내가 옷 몇 가지를 골랐습니다. 사장님은 정말 감사해하며 좋아하는 표정을 보였습니다. 그때 사장님은 우리보다 먼저 온 친구에게 아내를 가리키며 한마디 합니다. 그 말이 우리 귀에 들렸습니다.

"봤지! 너도 저 동생처럼 센스 좀 가져라. 옷 가게 오픈하는데, 무슨 빵을 사 오니? 봐봐! 일 잘하는 사람은 개업하는 집에서 뭘 해야 하는지 알잖아."

가게를 나오면서 기분이 우쭐해진 아내가 말합니다.

"와! 옷도 사고 기분도 좋은걸. 역시 상대가 뭘 좋아할지 생각해 볼 필요가 있어."

스튜어트 다이아몬드는 『어떻게 원하는 것을 얻는가』에서 가장 중요한 것은 사람과의 소통임을 강조합니다. 상대를 인정하는 가장 좋은 방법은 상대가 원하는 것이 무엇인지 진의를 파악하는 것입니다. 이때 가장 좋은 방법은 '역지사지易地思之'입니다. 상대의 입장에 서서 원하는 것이 무엇인지 생각해 보는 시간을 가지면 어느 정도 답이 나옵니다. 가끔은 진짜 원하는 것을 뒤로 숨기는 일도 있습니다. 이럴 때는 질문으로 파악해 보는 것이 좋습니다. 하지만 질문을 하지 못하는 경우라면 모든 상황을 대입해서 '내가 상대라면 어떻게 생각할까?' 고민해 보는 것입니다.

미셸 루트번스타인과 로버트 루트번스타인의 공동저서인 『생각의 탄생』에서는 이를 '감정 이입'이라고 표현합니다. 감정 이입을 잘하면 어느 정도 답을 찾을 수 있습니다. 비슷한 환경을 상상하며 마치 그 사람처럼 행동하고 생각하면 쉽게 답을 찾을 수 있기 때문입니다. 이럴 때 소통이 원활해지고 관계는 한 발 나아갑니다.

상대가 생각하는 머릿속 그림을 그려 보세요. 그들의 생각, 감성, 요구를 파악하고 상대방이 어떤 부분에서 신뢰를 느끼는지도 알아야 합니다. 항상 상대의 마음을 헤아린 다음, 상황을 바라보는 연습을 하세요. 그리고 상대방에게도 타인의 입장에서 생각해 달라고 부탁해 보세요.

우리는 하루하루 크고 작은 협상을 하며 삽니다. 물건을 구매할 때도, 사람과의 관계를 만들어 갈 때도, 심지어 경조사에 갈 때도 보이지 않는 협상을 합니다. 그때마다 어려운 결정을 내려야 하는 순간을 맞이할 겁니다. 이때 가장 좋은 방법은 상대의 입장에 서서 생각해 보는 자세입니다.

협상에서도 사람이 먼저입니다. 상대를 배려하고, 인정하고, 소통한 후에 사실을 제안하라고 말합니다. 상대가 원하는 것, 원하는 감정, 배려받고 싶은 것에 대해서 먼저 생각해 보는 것입니다.

One Point Pick !
입장을 바꿔 생각하면 어떤 어려운 관계의 문제라도 쉽게 풀린다!

· 만나라 ·
내 기분은 내 선에서 끝낸다

사람을 만날 때 감정은 생각보다 쉽게 드러납니다. 아무리 숨기려고 해도 미묘한 감정선은 어느새 드러나 상대가 불편함을 느낍니다. 감정의 변화는 어떤 특별한 이유 때문에 생기는 게 아닙니다. 그래서 이유도 모른 채 거절을 당하기도 하고, 거절한 사람 당사자도 그 이유를 잘 모를 때가 많습니다. 누구나 이유 없이 그냥 싫을 때가 있습니다. 그렇다고 자신의 감정을 쉽게 드러내 놓고 주변에 이야기하는 것은 매우 위험한 행동입니다.

정확하게 기억나진 않지만 어떤 문제로 아내와 심하게 다툰 적이 있습니다. 결혼하고 얼마 지나지 않았을 때인데, 아침부터 다투어서 기분이 무척 좋지 않았지요. 어쨌든 일은 해야 하기에 집을 나섰습니다. 회의하러 가는 길에 혼자서 마음을 가다듬었습니다.

'사람들에게 불쾌한 모습은 보이지 말자.'

사람들을 만나 미팅을 하고 같이 식사도 했습니다. 잘 웃고 이야기도 매우 잘했습니다. 문제 될 것은 하나도 없었고, 잘 마무리를 지었습니다. 퇴근 후 동료가 전철역까지 태워 달라고 부탁하기에 차를 타고 가면서 잠시 이야기를 나누었는데 갑자기 그분이 한마디 던졌습니다.

"오늘 댁에 들어가실 때는 기분 풀고 들어가세요."

"네? 무슨 말씀이신지?"

"오늘 기분 나쁜 일이 있었던 모양인데요, 얼굴에 쓰여 있어요."

"아니요. 그런 일 없었는데요."

"그러면 다행이고요. 아무튼, 기분 풀고 들어가세요. 다음에 봬요."

그분은 차에서 내리면서도 걱정스러운 표정으로 인사를 했습니다. 일부러 이 말을 전하려고 같이 가려 했나 봅니다. 혼자 돌아오는 길에 생각이 참 많아졌습니다. 아무리 숨긴다고 해도 순간순간 머릿속을 치고 올라오는 언짢은 기분이 얼굴에 드러난 모양입니다. 이날의 일은 지금도 오랫동안 기억에 남아 있습니다. 나도 모르게 불편한 분위기를 만들었다는 것은 매우 충격에 가까웠습니다.

'과연 나는 프로인가?'

'감정을 숨기는 것이 이렇게 어렵단 말인가?'

'감정을 숨기는 게 어렵다면 잘 다스리는 것이 중요하겠구나.'

감정은 주변으로 쉽게 전달됩니다. 웃어야 할 상황에 웃지 않으면 분위기를 차갑게 만들 수 있습니다. 무표정한 느낌이 주변 사람의 마음을 무겁게 할 수도 있습니다. 아는 분의 표정이 좋지 않으면 은근히 신경 쓰입니다. 기분이 나쁘니 질문에 단답식으로 답하기도 합니다.

『기분이 태도가 되지 않게』에서 "크고 작은 차이만 있을 뿐이지 누구나 기분을 드러낸다. 내 기분은 내 선에서 끝내야 하는데 나도 모르게 겉으로 드러난다. 하지만 기분과 태도는 별개다. 내 안에서 저절로 생기는 기분이 스스로 어찌할 수 없는 것이라면, 태도는 다르다. 좋은 태도를 보여 주고 싶다면, 소중한 사람에게 상처 주고 싶지 않다면, 우리는 충분히 태도를 선택할 수 있다."라고 이야기합니다.

기분이 나쁜 것까지는 어쩔 수가 없습니다. 하지만 태도만은 고쳐야 합니다. 기분 나쁜 일이 있는 것 같지만, 내보이지 않으려고 애쓰는 마음만이라도 보여야 합니다.

왠지 만나면 즐거운 사람이 있습니다. 편안한 사람도 있습니다. 반면에 무언가 불편한 사람도 있습니다. 그 차이는 미묘한 데서 시작됩니다. 그런 만남이 몇 번 이어지면 'OO는 그런 사람'이 되고 맙니다. 상대가 인식하는 것이 정답이니까요. 첫인상이 중요한 이유가 바로 이것입니다. 한 사람을 정의 내리는 그날의 이미지는 그날 하루의 태도로 명확하게 뿌리내리기 시작합니다. 그래서 기분이 나쁜 상태라면 차라리 사람을 만나지 않는 것이 좋을지도 모릅니다.

주변 사람들이 자꾸 멀어지는 듯한 느낌이 든다면 한 번쯤 내 감정 전염에 대해 생각해 볼 필요가 있습니다. 감정은 은근히 잘 전달됩니다. 그리고 사람들을 불편하게 만듭니다. 표정, 몸짓, 말투, 억양, 단어 선택, 눈빛, 글쓰기 등 모든 것에서 알게 모르게 기분은 드러납니다. 어쩌면 어른이 된다는 것은 이런 일을 극복해 나가는 과정일지도 모릅니다.

One Point Pick !
자신의 기분을 쉽게 드러내는 것은 위험한 행동이다. 기분이 온몸으로 전달되지 않도록 조심하라!

카리스마는 잘 만들어진 결과물을 보여 주는 것이 아닌,
설득할 수 있는 분위기와 상황을 만들어내는 능력입니다.
말을 많이 해야 하고, 잘해야 한다는 것은 오해입니다.
타인을 설득하기 위해서는 내면의 진정성을 보여 주는 것이 중요합니다.
이런 진정성은 감동을 전합니다.

PART 3

이야기하라_
어떤 말이든 먼저 건네라

상대와 이야기하라는 말을 설득하라는 말로 오해하는 사람들이 있습니다. 세상에 설득당하는 것을 좋아하는 사람은 없습니다. 사람들은 진심으로 자신의 이야기를 들어주는 사람을 좋아합니다. 이야기해 보라는 말은 친절하게 말을 건네고 질문해 그의 의견을 열심히 들어주라는 것입니다.

간혹 상대를 잘 안다고 생각하는 사람들이 있습니다. 하지만 오랫동안 알게 된 사람일지라도 예상대로 되는 경우는 별로 없습니다. 속단은 금물입니다. 정말 괜찮은 사람이라 생각했는데 실망한 사례도 너무 많습니다. 별로라고 생각했는데 감동을 주기도 합니다. 상대와 깊이 이야기해 봐야 조금 알 수 있습니다.

이야기해 보라는 말이 그냥 단순히 말을 걸어 보라는 것은 아닙니다. 상대와 깊은 이야기를 하며 시간을 보내라는 말입니다. 시간이 지나야 상대의 진심과 속마음을 알 수 있기 때문입니다. 사업을 하든 영업을 하든 사람의 마음이 움직여야 원하는 것을 얻을 수 있습니다.

사람과의 관계에서 오해가 생기는 이유 중 하나는 제대로 확인하지 않기 때문입니다. 모르면 물어야 하고, 상대가 말한 것을 다시 되풀이해서 확인해야 합니다. 말은 제대로 전달되지 않으면 수많은 오해를 만듭니다. 그러니 제대로 말하는 법도 열심히 배워야 합니다. 육하원칙에 따라 말하면 오해를 줄일 수 있습니다. 가장 많은 오해는 주어를 생략하는 경우입니다. 그리고 대명사를 이용하는 경우입니다.

우리는 스토리텔링을 통해서 상대의 머릿속에 자신의 생각을 그려 줍니다. 진짜보다 더 진짜처럼 보이도록 만들어 줄 수 있습니다. 이야기의 힘은 정말 대단합니다. 사람은 직접 눈으로 본 것보다 머리로 상상한 것을 더 강하게 믿습니다. 그래서 대부분의 신화는 스토리로 존재합니다. 소설과 영화가 인기를 얻는 이유는 스토리의 힘 때문입니다. 상대에게 말을 걸고 자신이 하고 싶은 말을 스토리로 만들어서 상대의 머릿속에 그려 주면 엄청난 일을 만들어낼 수 있습니다.

말을 통해 상대와의 어색함을 무너뜨리고, 공감하고, 감정을 이입하게 됩니다. 말의 힘을 어떻게 잘 활용해야 하는지에 따라서 결과는 확실히 달라집니다. 좋은 단어, 공감가는 스토리, 긍정적 표현 등은 인간관계의 필수요건입니다.

· 이야기하라 ·
말다툼에서 이겨서 뭐하게요

상대방과 대화를 하다 보면 은근히 자신의 생각을 강요하게 됩니다. 그러다 자신의 의견이 받아들여지지 않으면 언짢아집니다. 심하면 그 사람을 이기기 위해 수단과 방법을 가리지 않을 때도 있지요. 그렇게 한참을 실랑이하다 보면 '내가 여기서 무얼 하고 있나' 싶어 혼란스러워집니다.

언젠가 회의 시간이었는데 한참이 지나도록 팀원 한 명이 나타나지 않았습니다. 그는 얼굴이 발갛게 상기된 채 중간 휴식시간이 되어서야 나타났습니다. 왜 늦었는지 이유부터 물었습니다.
"무슨 일 있었어요?"
그분은 고릴라처럼 숨을 쉬며 흥분한 목소리로 말했습니다.

"친구에게 전화가 와서 한바탕 하느라 늦었습니다. 죄송합니다."

정말 화가 난 듯했습니다. 목소리는 거칠고, 한 옥타브 올라가 있었습니다. 들어오기 바로 전까지 싸운 모양입니다.

"무슨 일인데요?"

그는 물을 벌컥 마시더니 사정을 말하기 시작했습니다.

"아 글쎄, 친구가 아침부터 전화해서 제 일에 대해서 이러쿵저러쿵 간섭하고, 내가 일을 잘하네, 못하네, 말이 많잖아요. 그래서 배운 대로 흥분하지 않고 충분히 설명해 주었거든요. 그런데 내 태도와 자세를 보니까 일 잘하려면 아직 멀었다면서 가르치려 들잖아요. 짜증나게."

"그 친구는 일을 잘하는 모양입니다."

"아니요. 자기도 보험 설계사를 1년도 못 하고 그만둔 주제에 가르치려 드는 게 우습죠."

"그래서 싸웠어요?"

"질 순 없잖아요. 코를 납작하게 만들어 줘야죠!"

"그래서 이겼어요?"

"아직이요. 일단 회의 끝나고 나서 다시 이야기하기로 했어요."

저는 이런 이유로 회의시간까지 늦었다는 게 어이없어 웃음을 참았는데 제 입가의 미소가 살짝 보였나 봅니다. 그런 제 모습 때문에 그는 더 화가 난 모양입니다.

"아! 정말 왜 웃으세요? 열 받는데."

"아, 죄송해요. 아무튼, 이겨야 직성이 풀리시겠어요? 이겨서 뭐하시게요? 시간을 보니 한 시간은 넘게 싸운 거 같은데….."

저녁때쯤 되어서 그분에게 다시 물었습니다.

"어때요? 지금도 이기고 싶으세요?"

"음… 그 친구가 연락을 끊으면 어쩌죠? 화가 엄청났던데….."

"이런 싸움은 이겨도 지는 것이고, 져도 지는 것입니다."

"뭐가 그리 어려워요?"

"상대가 지면 열 받아서 다시는 나를 안 볼 것이고, 만약 이기면 앞으로 나를 더 우습게 볼 겁니다. 이래도 저래도 고객을 잃는 거죠."

"그러면 싸움을 걸어오는 사람을 어떻게 해요?"

"싸움을 안 해야죠. 투우사가 달려오는 거친 황소를 살짝 피하듯이."

우리는 논쟁에서 이기고 싶어 합니다. 『데일 카네기 인간관계론』을 보면 이런 논쟁에서 절대 승자는 없다고 말합니다. 오로지 피해자만 존재합니다. 논쟁은 무조건 피해야 합니다. 상대도 절대로 지지 않으려는 태세가 보이면 이런 싸움은 승산이 없습니다. 언급했던 대로 이긴다고 해도 상대와의 관계는 최악이 될 것이고, 지게 되면 마음에 상처를 받을 겁니다. 상대가 조언을 구한다면 충분히 설명해 주어야겠지만 준비되지 않은 상대를 가르치려 한다면 논쟁이 시작될 수 있습니다.

거친 황소를 이기는 법은 힘을 모두 뺄 때까지 기다리는 것입니다. 그런 뒤 천천히 급소를 공격하면 승리할 수 있습니다. 그래서 기다릴 줄 아는 지혜가 필요합니다. 마음의 평정심이 깨지는 순간 논쟁은 시작됩니다. 프로가 된다는 것은 감정을 잘 조절하는 일입니다. 끊임없이 상대의 입장에서 생각해 보면 기분 나쁠 일도 없습니다. 프로는 이 논쟁의 끝에 뭐가 있는지 경험으로 알고 있습니다. 그래서 상황을 살피며 컨트롤합니다. 무조건 참으란 말이 아닙니다. 싸워서 나를 보호해야 할 때도 있습니다. 『손자병법』에도 나오듯이 싸워야 할 때와 기다려야 할 때를 알아야 한다는 말입니다.

상대가 에너지를 빨리 빼도록 만드는 방법은 무엇일까요? 에너지는 위에서 아래로 흐르게 되어 있습니다. 상대보다 한 단계 내려와 질문하는 것입니다. 그러면 상대의 주장은 나를 통해 빠르게 흘러나가버립니다. 자신의 말을 충분히 하고 나면 상대는 더 이상 자기 주장만 옳다고 하지 않습니다. 이때가 나의 생각을 이야기할 시간입니다.

> **One Point Pick !**
> 적절한 질문을 하고, 충분히 들어주고, 제대로 말하라!

· 이야기하라 ·
상대를 속여라

남자들은 결혼하기 전에 사랑하는 여자에게 대부분 뻔한 거짓말을 합니다. "평생 손에 물 안 묻히고 살게 해줄게." 그 말을 있는 그대로 믿는 여성은 없겠지만, 자신을 사랑한다는 걸 증명하는 말이기에 속아 줍니다. 사람과의 관계에서도 그 의도가 뻔히 보일 수도 있겠지만 내 의지를 보여 줄 만큼의 당당함을 가지고 이야기해야 합니다. 다소 과장스러워도 괜찮습니다. 솔직히 자신이 없어도 "자신 있습니다. 해 보겠습니다."라고 말할 수 있어야 합니다. 상사가, 부모가, 고객이 듣고 싶은 말이 무엇인지 잠깐만 생각해 봐도 알 수 있는 문제입니다. 굳이 정직하게 자신의 진짜 속마음을 보여 주어 실망하게 할 필요는 없습니다.

도움을 요청한 한 지인이 있었습니다. 그분이 처한 어려운 상황을 같이 해결해 보기로 했습니다. 그는 시간이 지나자 자꾸 부정적인 말을 했습니다.

"저는 더 이상 못하겠어요."

"저 그만 포기할까 봐요."

심지어 상황이 좀 더 어려워지자 내게 이런 말도 했습니다.

"그럼 직접 해 보세요. 저 대신 해 보면 되겠네요."

저는 그분께 좀 더 현실적인 조언을 해주며 신중하게 이야기했습니다.

"만약 지금 은행에서 자금을 대출받아야 한다고 생각해 보세요. 담당자에게 지금처럼 이야기하면 대출 심사가 통과될까요?"

그분은 묵묵히 제 이야기를 들었습니다.

"투자자들에게 회사의 전망을 설명하는 자리인데 지금처럼 하면 투자를 할까요?"

"... 아니요."

"저도 당신에게 투자하는 겁니다. 저를 너무 믿어서 솔직하게 말씀하시나 본데 저하고도 역시 비즈니스를 하는 것이니 저를 좀 속여 주세요. 당신이 할 수 있을 거라고 믿게 해주세요. 속인다고 해서 거짓말을 하란 말이 아닙니다. 이왕이면 좋은 말을 하고, 할 수 있다는 말을 해서 투자자에게 희망을 주어야죠."

"그렇네요. 맞는 말씀입니다."

현대 사회는 실제 가진 능력보다 포장된 이미지로 사람들의 호감을 불러 일으키는 경우가 많습니다. 이를 '브랜딩'이나 '이미지 메이킹'이라 하죠. 많은 자기계발서에서는 겉모습의 화려함보다 내면의 단단한 성장을 이루는 것이 중요하다고 말합니다. 적극적으로 동감합니다. 사실과 진실은 매우 중요하니까요. 하지만 잘 포장되어 있지 않으면 선택 자체가 되지 않는 사회입니다. 대안이 너무나 많기 때문입니다.

『삼국지』를 보면 장판교에서 장비가 지략을 짜내어 조조의 군사를 물리치는 장면이 나옵니다. 장비가 홀로 조조의 대군에 맞서는 것은 상식적으로 말이 안 되는 상황이었습니다. 힘으로만 전투를 하기에는 너무 뻔한 싸움이었던 것이죠. 장비는 이때 처음으로 계략을 썼습니다. 장판교 뒤로 흙먼지를 일으켜 뒤에 대군이 있을 거라 착각하게 만든 전략이었습니다. 단 20명의 적은 규모의 병력으로 대군을 상대한 전투입니다.

제갈공명도 비슷한 전략을 쓴 적이 있습니다. 자신의 명성을 이용해 쉽사리 전투에 임하지 못하게 만들었습니다. 이처럼 자신의 실제 모습보다 상대를 믿게 만드는 이미지가 더 중요할 수도 있습니다.

있는 그대로 표현하면 솔직할지는 모르지만, 자칫 사람을 잃을 수도 있습니다. 사람은 누구나 똑같습니다. 좋은 이야기, 희망찬 이야기를 듣고 싶어 합니다. 상대가 믿고 싶은 것들을 보여 주세요. 강상

구 저자는 『마흔에 읽는 손자병법』에서 사실을 더 사실로 믿게 하라는 말을 합니다.

> "사람을 움직이는 건 사실이 아니라 생각이다. 사람들은 자신이 사실이라고 믿는 생각을 가지고 행동한다. 행동을 끌어내기 위해 사실을 제시할 필요는 없다. 사실이라고 믿을 만한 근거만 제공하면 된다."

사실이 어떻든 우리가 인식하는 그것이 맞는 것입니다. 타인을 볼 때는 포장된 내면을 볼 줄 알아야 하고, 나를 인식시킬 때는 잘 포장해서 내면이 더 돋보이도록 해야 합니다. 개인 관계에 있어서나 목숨을 걸고 임하는 전쟁에서도 상대를 속이는 것은 매우 중요한 일입니다. 상대가 믿고 싶은 대로 믿게 하면, 상황을 유리한 쪽으로 끌어내기가 매우 쉽습니다.

One Point Pick !
자신의 감정을 너무 솔직하게 드러내지 말자. 상대와 장소에 따라 포장하는 것도 소통의 기술이다.

상대를 대화의 주인공으로 만들어라

우리는 대부분 자신의 이야기를 하고 싶어 합니다. 내 이야기를 하고 싶은데 상대의 이야기가 길어지면 조바심이 나기도 하죠. 누군가와 대화를 해 보면 들어주는 것이 얼마나 힘든 일인지 알게 됩니다. 진심을 다 해 들어주는 것은 에너지 소모가 무척 큽니다. 그럼에도 우리는 상대를 이야기 속의 주인공으로 만들어 빠져들게 해야 합니다.

동료 A가 자동차를 구매했다고 수줍은 듯이 이야기합니다. 살짝 궁금하기도 했고, 무엇보다 자랑하고 싶은 마음과 숨기기도 어려운 상황이 이해돼 관심을 보였습니다.

"오. 그래요. 차 구경 좀 해요."

"아. 그냥 볼 건 없는데… 지난번 차 사고가 나서 고민하다가 그냥 새 차로 작은 거 하나 구매했어요."

"그래도 새 차인데 한번 봐야죠. 시승식 합시다!"

휴식시간에 주차장으로 내려가 차를 이리저리 둘러보고, 승차도 해 봅니다. 사실, 그 급에서 크게 다를 건 없습니다. 하지만 그렇게 이야기하면 섭섭해할까봐 호응을 해주었습니다.

"와. 좋은데요. 이 정도면 혼자 타고 다니기 딱 알맞네요!"

아쉬움이 남았습니다. 차를 수시로 바꿔 본 저는 메이저 브랜드가 아니면 수리에 비용이 많이 들어가는 것을 잘 알기에 이런 말이 머리에 맴돕니다.

'아…. 나에게 의견을 구했더라면 다른 차를 사라고 했을 텐데…'

하지만 아무 말 하지 않았습니다. 지금 그 말이 무슨 소용있겠습니까. 이 순간에는 이 차가 가장 옳은 선택입니다.

그때 옆에서 다른 동료 B가 말을 던집니다.

"이왕 사는 거 좀 더 큰 차로 사지 그랬어요."

갑자기 동료 A의 말소리가 작아집니다.

"돈이 없어요…. 이 차도 겨우 할부로 구입했는걸요."

갑자기 동료 B는 자신의 이야기를 하기 시작합니다.

"저는 최근에 대형차를 알아보고 있는데요…."

대화의 주제는 대형차로 넘어갔습니다. 동료 A는 슬그머니 자리를 뜹니다.

그날 소형 새 차는 갑자기 부끄러운 차로 바뀌고 만 거 같아서 마음이 좋지 않았습니다. 하지만 그날을 계기로 저는 동료 A와 더 친해졌습니다. 사람은 자신을 인정하고 격려해 준 사람을 좋아하게 마련입니다. 그런 것을 '센스'라고 말하고 싶습니다.

상대의 지위나 사물에 대해 관심을 보이는 것은 관계를 맺는 데 생각보다 중요한 역할을 합니다. 사람은 누구나 자기 자신을 소중히 여기기 때문입니다. 우리는 그걸 소중하다고 인정해 주면 됩니다. 물론 실천은 어려운 일이지요.

어느 자리에서나 주인공이 되어야 직성이 풀리는 사람들이 있습니다. 대화의 방향을 결국은 자신으로 향하게 하는 사람들입니다. 정작 자신은 그런 사실을 잘 모릅니다. 하지만 주인공의 인기는 잘할 때뿐입니다. 반면 병풍 역할을 하는 조연의 수명은 오래 갑니다. 주인공을 돋보이게 만들 줄 아는 사람은 먹고사는 문제를 고민할 필요가 없습니다. 굳이 주인공이 되지 않아도 타인을 주인공으로 만들면 원하는 것을 얻을 수 있기 때문이죠.

조 지라드의 『세일즈 불변의 법칙 12』를 보면 유능한 세일즈맨은 고객을 최우선으로 만드는 배려심이 높은 사람입니다. 상대에게 집중하는 것은 매우 중요합니다. 자칫 다른 곳에 신경 쓰는 모습을 보이다 그것으로 거래가 끝날 때가 의외로 많습니다. 제품이나 서비스의 질이 아닌, 사람들의 감정에 따라 결정 나기 때문이죠. 왕중추는

『디테일의 힘』에서 작은 감정과 마음을 다스리는 것은 일종의 디테일이라고 강조합니다.

한 지인의 이야기입니다. 신제품이 나와서 고객에게 홍보하러 갔다가 고객이 얼마나 말이 많은지 도저히 끊을 수가 없었다고 합니다. 그래서 이렇게 마음 먹었습니다.

'그래, 이 분에게 제품을 팔기는 힘들겠구나. 맞장구나 쳐 주자!'

그리곤 열심히 질문도 하면서 상대를 추켜세웠습니다.

"와, 완전 전문가시네요. 제가 오히려 배워야겠습니다."

고객이 한참을 자기 이야기만 하더니, 문득 하는 말이 예술입니다.

"아, 그래서 얼마라구요? 가져오세요. 한번 써 볼게요."

상대를 주인공으로 만들어 주면 특별한 말을 하지 않아도 목적을 이룰 수 있습니다.

One Point Pick !
상대를 대화의 주인공으로 만드는 방법은 상대의 말을 귀담아 들어주며 호응하는 것이다.

누군가를 설득할 때 필요한 것

누구나 상대방의 마음을 움직여 설득하고 싶어 합니다. 효과적으로 설득하는 사람을 보면 부럽기까지 합니다. 말을 어찌 그리 잘하는지 모르겠습니다. 어떻게 하면 설득을 잘할까요? 말을 청산유수로 잘하면 상대가 설득될까요?

세미나에서 어떤 분의 강의를 들었습니다. 말이 얼마나 빠른지 놀랐습니다. 정해진 시간 안에 많은 정보를 들려주기 위해서 대단히 노력했습니다. 그 모습이 열정적이었습니다. 제스처도 대단히 크고 정보 전달력도 뛰어났습니다. 목소리 톤도 매우 높아서 멀리 있어도 잘 들립니다. 자료도 꼼꼼하게 잘 준비했습니다. 발음도 아나운서 뺨치게 또렷합니다.

'저분은 공부를 참 열심히 했을 거야…. 그러지 않고서는 이런 강의를 할 수 있을까?'

다음 강사가 나왔습니다. 자기소개를 간단히 하고 참석자를 둘러봅니다. 그리고 천천히 말을 꺼냅니다. 목소리에 울림이 살짝 느껴집니다. 저음으로 눌린 말들은 무게감이 있습니다. 말을 천천히 또박또박 해 나갑니다. 가끔 질문을 하고는 한참을 말없이 청중의 얼굴을 둘러보며 기다립니다. 순간 무거운 적막이 흐릅니다. 질문에 대한 답을 찾아야 할 것만 같은 기운이 엄습해 옵니다.

'나를 지목하고 시키면 어떡하지? 강의를 집중해서 잘 들어야겠다.'

이런 생각이 머릿속을 스칩니다. 가끔은 재미있는 이야기를 살짝 하기도 합니다. 느릿느릿하지만 할 말은 다 하는 듯한 느낌입니다. 따로 준비한 이미지 자료도 없습니다.

이 날의 세미나가 끝나고 나서 가장 기억에 남는 강사는 누구였을까요? 두 번째 강사분입니다. 정보력은 그다지 높지 않았지만 뭔가 깊은 울림과 감동이 잔잔히 남습니다. 생각해 보니 전달은 말과 자료로만 하는 것이 아니었습니다. 압도하는 분위기를 통해 무언가를 느끼게 합니다. 첫 번째 강사의 청산유수의 말들이 순간적으로 대중을 설득할 수는 있었겠지만, 오래 오래 기억에 남을 강사는 두 번째 강사입니다.

아는 분이 강의 준비를 하고 있었습니다. 강사 탁자를 무대 구석으로 옮겼습니다. 무대 가운데 프로젝터가 영사되니 청중들에게 방해가 되지 않게 하기 위해서였을 거라 생각했습니다. 하지만 그는 프로젝터를 사용하지 않을 때도 구석의 탁자에 서서 리허설을 준비하고 있었습니다.

"강사님, 혹시 파워포인트를 보여 주기 위해 강의를 하시는 겁니까?"

"먼저 준비한 것을 보여 주고 말을 하려구요."

"그보다 강사님의 모습과 표정, 제스처를 보여 주세요."

그분은 제 말뜻을 못 알아듣는 표정이었습니다.

"무대 가운데로 나오세요. 왜 조명도 없는 구석에서 설명만 하세요. 사람들은 파워포인트 설명을 들으러 오는 것이 아니라 강사님께 설득당하려고 오는 겁니다. 강사님이 가진 모든 것을 보여 주세요."

저는 그를 중앙으로 끌어냈습니다. 결국, 그는 프로젝터 불빛을 온몸으로 받으며 가운데 서서 강의를 했습니다. 그는 강의를 끝내고 이렇게 말했습니다.

"중앙에서 하니까 더 효과적으로 전달할 수 있네요. 감사합니다."

카리스마는 그 사람이 가진 배경이 큰 역할을 하기도 합니다. 그런 배경을 가졌기 때문에 어떠하리라는 우리의 추측이 한몫하는 것이죠. 하지만 가끔은 그런 배경 없이도 묵직하게 다가오는 사람들이 있습니다.

말콤 글래드웰의 『티핑 포인트』에는 말하지 않아도 전달되는 힘에 대한 이야기가 나옵니다. 카리스마 점수가 높은 사람은 특별한 말을 하지 않았음에도 우울이라는 감정을 2분 만에 전염시켰다고 합니다. 이처럼 카리스마가 강한 사람은 자신의 감정을 주변에 쉽게 전염시킬 수 있습니다.

우리는 꼭 말로 표현해야 설득력이 높아진다고 착각합니다. 그렇지 않습니다. 말하는 사람의 입가에 스친 작은 근육의 떨림이나 소소한 눈빛만으로도 상대에게 감정이 잘 전달됩니다. 호흡 소리만 들어도 상대의 감정을 알 수 있습니다. 강한 설득력을 주기 위해서는 직접 얼굴을 보며 자신이 가진 모든 것을 활용해야 효과적입니다.

카리스마는 잘 만들어진 결과물을 보여 주는 것이 아닌, 설득할 수 있는 분위기와 상황을 만들어내는 능력입니다. 강사는 그저 하나의 정보를 설명하는 사람이 아니라 설득을 하는 사람입니다. 말을 많이 해야 하고, 잘해야 한다는 것은 오해입니다. 타인을 설득하기 위해서는 내면의 진정성을 보여 주는 것이 중요합니다. 이런 진정성은 감동을 전합니다.

저는 설명을 할 때 제스처를 크게 하는 편입니다. 누군가의 말을 인용할 때는 그 사람의 목소리를 최대한 흉내내려고 합니다. 약간의 쇼라고 생각하며 말합니다. 상대에게 더 재미있고 실제적인 감동을 전하려는 것이 목적이지요. 의외로 이런 행동들은 효과가 큽니다. 글을 쓸 때도 대화체를 많이 써서 실제 느낌을 생생히 전달하려고 합니다. 그러면 단순히 설명할 때보다 훨씬 더 큰 감동을 전달할 수 있습니다.

One Point Pick !
카리스마가 강한 사람은 자신의 감정에 진정성을 담아 전달한다.

· 이야기하라 ·
인내심을 가지고 질문하라

우리는 살아가면서 크고 작은 협상을 합니다. 이때 자신의 이익만 추구하지는 못합니다. 상대의 이익도 함께 생각해야 합니다. 그리고 결정적인 순간이 와도 일단 기다려야 합니다. 상황을 잘 모르는 상태에서 성급하게 협상을 추진한다면 나의 모든 것만 내보이고 실패할 확률이 높습니다. 상대에게 궁금한 것을 질문하고 귀담아 들어보면 공통의 길을 찾을 수 있습니다. 분명한 것은 협상에서 이기는 것이 아닙니다. 서로 좋은 방법을 찾는 것입니다.

호텔을 예약할 일이 있어서 인터넷 사이트를 이용할까 하다가 호텔로 직접 전화를 걸었습니다. 가족 구성원이 5명인 관계로 사이트 상에서 예약하기가 애매했기 때문입니다. 먼저 프론트에 전화를 걸어 문의를 했습니다.

"가족이 미성년자 3명과 성인 2명인데 어떻게 방을 예약해야 하죠?"

"룸 2개를 예약하셔야 합니다."

"어린 아이들이라 떨어져 있기 힘든데 같은 층으로 가능할까요?"

"같은 층은 어렵겠습니다만 메모는 남겨 놓겠습니다."

저는 꼭 부탁드린다는 말을 덧붙인뒤 가격에 대한 문의를 했습니다.

"혹시 이벤트 혜택이나 할인을 받을 수 있는 방법은 없나요?"

"20% DC 외에는 없습니다."

"알겠습니다. 다시 전화하겠습니다."

저는 전화를 끊고 아내와 상의한 뒤 다시 전화를 걸었습니다.

"혹시 한 시간 전에 저랑 통화한 분이 맞나요?"

"아니요. 같은 직원은 아닙니다만 제가 안내해 드리겠습니다."

저는 똑같은 말을 반복해야 했습니다. 그런데 이번에는 호텔측에서 더 높은 가격을 제시했습니다. 나는 착오가 있는 것 같다며 다시 확인을 요청했습니다.

"고객님. 죄송합니다. 저희 직원이 잘못 안내를 해드린 것 같습니다."

"호텔에는 표준 가격이 없나요? 어떻게 다르게 안내를 하죠?"

"죄송합니다만 제가 안내해 드린 가격이 맞습니다. 5인 가족이라

하셨는데 5인실로 안내해 드려도 될까요?"

비용도 달라진 데다 처음 통화할 때는 없던 5인실을 제시한 것도 어이가 없었습니다. 전화를 끊고 이번에는 아내가 스피커 폰으로 다시 전화를 하자 좀 전에는 들리지 않던 안내 멘트가 흘러나왔습니다.

"고객님과의 대화는 녹취되고 있습니다."

이 멘트는 우리의 결정적인 협상 도구가 되었습니다. 저는 직원에게 이렇게 말했습니다.

"안내 멘트에 녹음이 되고 있다고 하는데 처음 통화 녹취를 들어보세요. 내용을 들어보시면 뭐가 문제인지 잘 아실 겁니다."

직원은 확인 후 다시 연락을 주었습니다.

"죄송합니다. 직원이 임직원 할인을 적용한 모양입니다."

결국, 그 직원은 연신 죄송하다는 말을 하며 처음 제시한 가격에 3인이 머물 수 있는 두 개의 방으로 업그레이드해서 아이들과 같은 층을 사용할 수 있게 해 주었습니다.

이번 일에는 스튜어트 다이아몬드 저자의 『어떻게 원하는 것을 얻는가』에서 제가 꼽은 3가지 포인트가 있습니다. 첫 번째는 '감정적으로 되지 말라'는 것입니다. 협상을 할 때 감정을 보여서는 안 됩니다. 상대도 같은 감정이 되기 때문입니다. 호텔의 실수에 소리를 지르거나 화를 낼 수도 있습니다. 그렇게 상대를 제압해서 원하는 것을 얻을 수 있을지도 모릅니다. 호텔에서 실수한 것이 확실하니까요. 하지만 차분하게 대응하고 관찰할 시간을 가지니 더 나은 해결점을 찾을 수 있었습니다.

두 번째는 '상대의 머릿속에 그림을 그려라'입니다. 호텔에 다시 전화를 해서 자신들의 실수에 최선을 다할 수밖에 없는 상황을 만들었습니다. 어쩌면 상사에게 보고가 올라갔을지도 모릅니다. 내 상황만 생각하고 내 주장만 내세우는 것이 아니라 상대방의 사고의 흐름을 상상해 보는 것입니다.

세 번째는 '상대의 표준을 활용하라'입니다. 호텔은 고객 서비스가 최우선입니다. 분쟁을 막기 위해 녹취를 한다는 점을 역이용했습니다. 상대와 대화가 잘되지 않을 때는 그 자리에서 바로 해결할 필요가 없습니다. 천천히 생각하며 상대가 중요하게 생각하는 지점을 잘 파악해서 활용하면 됩니다.

사람들은 분쟁보다 언제나 모든 일이 잘 해결되기를 바랍니다. 서로에게 득이 되는 최고의 조건을 찾으려 하는 것이죠. 그러니 무조건 자신의 주장만 요구하지 말고 서로 좋은 협의점을 찾아야 합니다.

One Point Pick !
어떤 상황에서도 평정심을 유지하라. 감정적으로 대응하다 보면 협상을 망치기 쉽다.

인간적 소통에서 중요한 잡담의 힘

인간관계에서 그동안 굉장히 실용성, 효율성을 따지면서 누군가를 만났습니다. 쇼핑을 해도 사야 할 물건만 빨리 구매하고 옵니다. 이렇게 살다 보니 인생이 점점 무미건조해지더군요. 한마디로 재미가 없어진 것이죠. 효율성을 벗어나 마음 내키는 대로 사람들을 만나고 친해져 보니 나름 많은 이점이 있었습니다. 물론 그만큼 많은 시간을 투자해야 합니다. 관계를 맺는 데는 보통 예열 시간이 필요하기 때문이죠. 예열에도 다 방법이 있습니다. 여러분은 어떻게 예열을 하시나요? 저는 개인적이고 인간적인 이야기를 나눕니다. 누군가를 만났는데, 딱히 할 말이 떠오르지 않는다면 당황스럽습니다. 순간적으로 친해지는 좋은 방법은 잡담을 하는 것입니다.

저는 첫만남의 어색함을 깰 때 아이가 셋이라는 점을 이용합니다.

"저는 아이가 셋인데요….".라고 시작하면 대부분 "와! 애국자시네요. 성별이 어떻게 돼요?"라고 묻습니다. 그러면 얼른 휴대전화에 저장된 사진을 보여 주고 자연스럽게 이야기가 시작됩니다.

이런 방법도 있습니다. 전에 만났던 사람의 이야기를 던져 보는 것입니다.

"방금 만난 분이 이런 부부 문제로 고민이라는데요. 혹시 이런 경우 사장님이라면 어떻게 대답해 주시겠어요?"

그러면 한참을 이야기 나눌 수 있습니다. 이처럼 가벼운 이야기를 통해 상대와 나 사이에 있던 얼음이 녹으면 자연스럽게 호감을 느끼고 본론을 이야기할 수 있습니다.

이보다 더 좋은 방법은 칭찬으로 시작하는 것입니다. 상대의 인상, 스타일, 가지고 있는 소품, 그 사람의 공간, 아이들, 어느 것이라도 찾아서 구체적으로 칭찬하고 인정하면 훨씬 소통하기가 편합니다. 초면에 칭찬을 하는 것은 쉬운 일이 아닙니다. 자칫 억지 호감을 사는 듯한 인상을 주어 거부감이 생길 수도 있지요. 처음 만난 사람들에게 하는 칭찬은 기분 좋을 정도만 해도 효과는 충분합니다. 그 사람이 하는 일에 대해서 알아 주기만 해도 칭찬의 효과는 배가됩니다.

몇 달 전 아내와 지방에 들렀다가 백화점을 방문했습니다. 가방을 하나 보고 싶다고 해서 적당한 매장에 들어갔습니다. 어떤 종류의 가방이 필요한지 이야기를 하자 사장님이 가방을 보여 주었습니다.

아내가 가방을 고르는 동안 저는 사장님과 이런저런 이야기를 했습니다.

"사장님, 혹시 근처에 지역 주민만 아는 맛집 있으면 소개 좀 해 주세요."

"여기 분이 아니세요? 저도 이곳으로 시집을 왔을 뿐, 고향이 아니랍니다."

"그러시구나. 그런데 요즘 경제가 불황이라 힘드시죠?"

"아이고! 말도 마세요. 매장 차리자마자 경기가 안 좋아 죽을 지경입니다."

사장님은 제가 하는 일에 대해서도 궁금해했습니다. 우리는 서로 공감하며 이야기를 이어갔습니다. 아내는 마음에 드는 가방을 고른 후 사장님께 가격을 물었습니다. 비싼 가격은 아니었지만, 혹시나 하는 마음에 가격 흥정을 해 보았습니다. 사장님은 몇 마디 대화로 친근함을 느끼셨는지 이내 흔쾌히 받아주었습니다.

"원래는 할인이 어렵지만, 말도 잘 통하고 호감 가는 분들이니 다른 방법으로 할인 적용해 드릴게요."

사람은 자신과 개인적 이야기를 나눈 사람에게 호의를 베푸는 성향을 보입니다. 어디 가서도 사소한 질문으로 이야기를 트기 시작하면 많은 이득을 얻을 수 있습니다. 가볍게 던지는 이야기로 말문을 열어 소통을 하면 가치를 환산할 수 없을 정도의 이득을 취할 때도 있지요. 특히 부동산 거래에서 자신에게 관심을 보여 준 사람과 거래를 할 확률이 높아진다고 합니다.

블로그나 SNS의 댓글에서도 개인적인 질문이나 사소하지만 개인적인 칭찬을 하는 글이 보이면 많은 관심과 호감이 생깁니다. 성의 없는 댓글은 금방 티가 납니다. 한 줄 댓글과 10줄 댓글의 성의는 엄청난 차이가 느껴지죠.

상대가 머릿속에 어떤 그림을 그리는지 상상해 보세요. 이런 이야기를 했을 때 상대는 어떤 생각을 하겠다는 것을 그릴 수 있으면 많은 도움이 됩니다. 보통은 직업 이야기가 좋습니다. 아이들이 보이면 교육 이야기를 하고, 여행 사진이 보이면 여행지를 추천해도 좋습니다. 음식 사진이 보이면 레시피를 공유하면 좋겠죠. 이 밖에도 다양한 잡담을 통해 인간적 소통이 이루어집니다.

One Point Pick !
스몰토킹(사소한 대화)은 소통의 문을 열기 위한 아주 좋은 도구다.

· 이야기하라 ·
난처한 질문에 답하는 법

누군가와 대화를 할 때 난처한 질문을 받는 경우가 간혹 있습니다. 질문에 답을 하지 않을 수도 없고, 그 자리를 피할 수도 없습니다. 여러분은 이럴 때 어떻게 하시겠습니까?

제가 작은 모임에서 프레젠테이션을 할 때입니다. 어느 분이 중간에 질문이 있다고 손을 들더군요. 그래서 적당히 양해를 구했습니다.

"질문은 마지막에 받겠습니다. 죄송합니다."

그분은 제가 하는 말이 맘에 들지 않는다는 표정을 한껏 드러냈습니다. 강의를 하는 내내 그분이 신경쓰였습니다. 프레젠테이션을 마무리한 뒤 그분을 호명했습니다.

"선생님, 강의 중에 궁금하셨던 것 지금 질문받겠습니다!"

"강의를 들으며 느낀 건데요. 강사님 이야기는 본인에게만 해당되는 것인데 실제로 한다고 그렇게 되나요?"

목소리가 다소 격앙되고 따지는 듯한 느낌이 강했습니다. '대답을 잘못했다가는 오늘 분위기 완전히 망치겠는걸.' 하고 속으로 생각했습니다.

조심스럽게 그분에게 질문을 다시 돌렸습니다.

"그렇게 생각하시는 이유가 뭔지 여쭈어봐도 될까요?"

"네?"

"선생님은 그 점에 대해서 어떤 생각을 가지고 계시나요?"

"아…. 저는…."

그분은 좀 당황하면서 자신의 생각을 한참 이야기했습니다. 그러고는 마지막에 이렇게 덧붙였습니다.

"선생님 말씀을 듣고 보니 제 생각이 좀 짧았던 것 같네요."

"아, 아닙니다. 선생님 말씀이 많은 도움이 됐습니다."

그분은 아마도 제가 역으로 질문을 할 것이라고는 예상치 못하셨던 것 같습니다. 저는 그분의 이야기에 덧붙여 간단하게 생각을 정리하고 답변을 끝냈습니다. 질문이 잘 마무리가 되어 참으로 다행이라는 생각이 들었습니다.

사람들은 질문을 쉽게 던집니다. 어떤 상황에서는 궁금해서가 아니라 지적하기 위한 질문을 하기도 합니다. 이유야 어찌 됐든 난처한 질문을 받으면 곤란한 상황에 빠집니다. 이럴 때 사용하는 것이 질문을 되돌려주어 상대의 이야기를 들어보는 겁니다. 어떤 분이 이런 제 생각에 이렇게 물어보셨습니다.

"만약 질문을 돌려주었는데, '다시 강사님의 생각을 듣고 싶습니다.'라고 하면 어쩌죠?"

"그럼 대답해야죠. 이때 또다시 질문을 돌려주면 모른다는 느낌을 강하게 주거든요."

"다른 방법은 없을까요?"

"아. 이건 비밀인데…."

나는 난처한 표정을 짓습니다. 상대는 빨리 알려달라고 재촉합니다.

"질문하신 분 옆자리 분에게 질문하는 것입니다. 가령 이렇게요. '그럼 옆에 앉으신 분은 이 질문에 대해서 어떤 생각을 가지고 계시나요?'라구요."

"듣고 보니, 교수들이 자주 쓰는 방법인데요. 꼭 모르면 학생들에게 질문하더라고요."

사람은 질문을 받으면 자동으로 답하게끔 되어 있습니다. 학창 시절을 거치면서 자연스럽게 몸에 밴 습관입니다. 소크라테스가 아고라 광장에서 문답법으로 젊은 사람들을 난처하게 만들었듯이 질문을 잘하면 대화의 주도권을 가져올 수 있습니다.

앤서니 라빈스의 『네 안에 잠든 거인을 깨워라』를 보면 사람들이 힘들게 사는 이유 가운데 하나는 질문 방식이 잘못되었기 때문이라는 것입니다. "어떻게 해야 돈을 많이 벌지?", "어떻게 하면 지금보다 더 풍족하게 살 수 있을까?"라는 질문은 삶을 힘들게 하지만, "어떻게 하면 의미 있는 삶을 살지?"라고 질문하면 소소한 작은 행동에서도 해답을 찾을 수 있죠. 질문하는 대로 세상은 달리 보입니다.

타인의 인생을 바꿔 주기 위해 우리가 해야 할 일은 다르게 생각할 수 있는 질문을 던져 주는 것입니다. 답을 찾는 것은 본인의 몫입니다. 질문 자체가 대답이 되는 것입니다. 어쩌면 답은 모두가 알고 있을지도 모릅니다.

One Point Pick !
난처한 질문을 받으면 그 질문을 돌려주어 상대가 그 질문에 더 많은 이야기를 하게 만든다.

소소한 대화로 인사이트 얻기

경청이란 누군가의 말을 진심을 담아 듣는 행위입니다. 사람은 누구나 대화 상대가 필요하고 경청을 해 주는 상대가 있다면 어떤 말이라도 꺼내 놓습니다. 심지어 평소에 볼 수 없었던 모습을 보이기도 합니다. 상대와 소소한 대화를 하기 시작했다면 지금부터 진정한 대화의 문이 열렸다고 생각하면 됩니다. 그 전의 대화는 어색한 분위기를 깨기 위한 전초전에 불과하죠. 이때부터는 진심 어린 경청이 필요합니다.

제 업무를 도와주던 분과 이야기를 나누던 어느 날, 그가 대낮에 갑자기 이런 제안을 했습니다.

"맥주 한잔할까요?"

"아, 이 시간에 괜찮으시겠어요?"

해가 중천에 뜬 시간에 맥주 한 잔을 기울이던 우리는 전과는 다른 편안한 이야기들을 시작했습니다. 예전에는 들어본 적 없는 속내부터 과거의 일들까지. 그동안 그분에 대해서 잘 몰랐던 부분까지 많은 것을 알게 되었습니다.

언제가 한번은 업무와 관련해 인터뷰를 하다 이런 질문을 받았습니다.

"혹시 언제 가장 큰 동기부여를 받으시나요?"

"다른 사람과 깊은 대화를 할 때입니다. 그 사람의 부정적인 생각과 실패까지도 저에게는 큰 도움이 됩니다. 좋은 이야기, 성공하는 이야기는 주변에 매우 흔합니다. 하지만 공감하기는 쉽지 않습니다. 반면, 실패한 이야기나 속마음, 또는 하소연을 잘 듣고 활용하면 엄청난 통찰력을 배울 수 있습니다."

"지금 한 얘기는 대단히 흥미로운데요. 다른 분들은 성공 이야기에 더 많은 공감을 한다고 하는데요."

"저는 뒷이야기에 더 공감합니다. 그 안에 자기도 모르는 비밀이 숨겨져 있더라고요."

진짜 속엣말이 시작되는 순간은 누군가가 열심히 들어줄 때입니다. 사람들은 공식적인 자리에서는 다소 과장되고 형식적인 말을 할 때가 많습니다. 진짜 상대의 생각을 듣고 싶다면 술자리, 식사 자리,

차 마시는 편한 자리를 만들어 보는 것을 추천합니다.

사람은 말을 하면서 자신의 기억을 다시 재정립한다고 합니다. 그러다 보면 기존의 기억과 대화를 한 후의 기억이 다른 것을 알게 됩니다. 정신과 의사가 상대방의 이야기를 열심히 들어주는 것도 기억을 체계적으로 정리해주기 위해서죠. 이야기를 하는 사람은 누군가 그냥 들어만 주어도 자신의 기억에서 덜 중요한 것을 선별해 비우게 됩니다. 이렇게 약간의 호응만 해 주면 자신의 어두운 기억은 밝은 기억으로 전환할 수 있습니다. 이것이 치유의 원리입니다.

서울대 최인철 교수는 『프레임』에서 '우리는 현재의 프레임을 가지고 과거를 본다'고 합니다. 과거의 기억은 실제보다 더 영광스러울 수도, 더 우울할 수도 있습니다. 현재 내가 가진 것으로 과거를 판단하기 때문이죠. 그래서 대부분의 자서전은 좀 과장되게 나옵니다. 최근에 유행하는 '라떼는…'이 대표적인 현재 프레임입니다. 마치 영화처럼 과거를 극적으로 표현하기 때문에 조금은 걸러서 들어야 합니다.

사람들은 자신의 기억이 진실이라고 생각하지만, 현실 속 우리는 '고릴라'를 제대로 보지 못합니다. 제가 말씀드리는 '고릴라'는 '보이지 않는 고릴라'의 고릴라입니다. 유튜브에서 '보이지 않는 고릴라'를 검색해 보시면 금방 이유를 알 수 있습니다. 아주 유명한 실험입니다. 한 가지 일에 집중하다가 명백하게 존재하는 하나의 사안을 보지 못하는 현상이 바로 '보이지 않는 고릴라'입니다. 이는 인지적 착각의 일종입니다. 과거를 정확하게 기억하는 것은 불가능합니다. 성공한 사람들은 자신의 기억을 자신에게 유리한 방향으로 만들어 냅니다. 따라서 상대가 공식적으로 주장하는 성공의 이야기보다는 만나서 깊은 대화를 통해 얻게 되는 '진짜 이야기'를 듣는 지혜가 필요합니다. 때로는 상대도 그것이 중요한지 모르기 때문에 이야기하지 않았던 부분이 있습니다. 이야기 속에서 진주를 캐내듯이 찾아내는 것이죠.

그래서 저는 언제부터인가 공식적인 만남보다는 개인적인 만남의 자리를 자주 가지려고 합니다. 사람들을 만나서 질문하고 나의 이야기를 하면서 생각을 정리하기도 합니다. 블로그에 글을 쓰면서 생각을 정리하는 것도 좋은 방법입니다.

One Point Pick !
사소한 이야기로 시작한 대화는 깊은 울림을 주는 대화가 된다. 우리는 이를 통해 상대를 통찰할 수 있다.

· 이야기하라 ·
사람을 상대하는 기본

대우받기를 싫어하는 사람은 없습니다. 이야기를 들어주고 호응해 주면 누구나 좋아합니다. 하지만 누군가를 만나면서 다른 일을 동시에 처리해야 할 때도 있습니다. 중요한 전화가 울린다든지, 시급히 처리해야 할 은행 업무가 겹치기도 하지요. 이때가 내가 상대에게 얼마나 관심이 있는지 보여 주는 중요한 순간입니다.

업무로 인해 친해진 지인을 만났는데 보자마자 며칠 전 일을 떠올리며 몹시 흥분했습니다. 사촌 오빠가 일을 새로 시작하면서 팀장과 팀원으로 보이는 여성 3명과 함께 자신의 집을 방문했다고 합니다. 오빠가 경제적으로 어렵기도 해서 뭐라도 도움이 되어야겠다는 생각에 좋은 마음으로 부탁을 들어주려고 했답니다. 그런데 팀장이 대뜸 이렇게 말했습니다.

"저도 바쁜 약속이 있으니까 빨리 말씀드리고 갈게요."

지인은 그녀의 말에 '내가 요청한 것도 아닌데 뭐 이리 바쁜 척을 해?'라는 생각이 들었습니다. 첫만남부터 딱히 호감이 가지 않았는데 더 큰 문제는 지인에게 설명을 하는 도중에 자꾸 팀장의 전화벨이 울린 겁니다. 그녀는 걸려오는 전화를 다 받으며 틈틈이 설명을 이어갔습니다. 지인은 슬슬 화가 나기 시작했습니다. 설명은 무려 3시간이나 이어졌습니다. 오빠를 생각해 꾹 눌러 참으려 했으나 결국 폭발하고 말았습니다.

"당신들은 예의도 없어요? 오는 전화 다 받아가면서 무슨 설명을 해요? 사람 앞에 앉혀 두고 이게 무슨 행동이에요!"

이야기를 하면서도 지인은 흥분을 감추지 못했습니다. 그 이야기를 들으며 나는 사람들에게 어떻게 다가가고 있는지 많은 생각을 하게 됐습니다.

조 지라드는 『세일즈 불변의 법칙 12』에서 "세일즈를 할 때는 상대에게만 집중하라."고 말합니다. 다른 전화를 받거나 타인과 잡담하는 동안 상대는 감정이 쉽게 상할 수 있습니다. 우리는 종종 누군가와 이야기하며 딴짓을 하지는 않는지 살펴야 합니다.

실제 조 지라드가 겪었던 일입니다. 그는 고객에게 전화해서 자신과 계약하지 않은 이유를 정중히 물었습니다. 이유를 알아야 앞으로 자신이 발전하는 계기로 삼을 수 있으니까요. 고객은 정말 그 이유를 모르겠냐며 이렇게 이야기했습니다.

"당신은 이야기하는 중에도 옆방 동료들의 잡담에 귀를 기울였잖아요! 내가 그걸 모를 줄 알았어요?"

그날의 일을 떠올려 보니 정말 동료들의 잡담이 기억났습니다. 자기도 모르게 다른데 신경을 쓰고 있었던 것입니다. 고객은 그것을 정확히 꿰뚫고 있었습니다.

다른 곳에 신경을 쓰는 행동은 상대를 무시하는 느낌을 강하게 줍니다. 특히 상담 중에 전화를 받거나 카톡을 확인하는 사람들은 조심해야 합니다. 걸려오는 전화를 무시하지 못하겠다면 최소한 "나중에 전화 걸게요."라며 빨리 끊는 예의가 필요합니다.

친한 지인이 제 차를 함께 탄 적이 있습니다. 가는 방향이 같아 태워주기로 한 거죠. 한 시간 정도 가는 길이었는데, 출발하고 얼마 지나지 않아서 그분 어머니에게서 전화가 왔습니다. 가는 내내 어머니와 통화가 이어졌습니다. 별 특별한 이야기는 없었습니다. 일상적인 내용의 통화를 한 시간이나 했습니다. 그런데 갑자기 이런 생각이 들었습니다. '내가 꼭 운전기사가 된 것 같은데?' 그러면서 갑자기 기분이 언짢아지기 시작했습니다. 누군가와 같이 있을 때 상대방에게 집중해 주고 같이 이야기를 나누는 것이 얼마나 중요한지 깨닫는 시간이었습니다.

내가 상대에게 집중하는 모습만 보여 줘도 기본은 합니다. 경청이 중요하다는 말은 많이 듣기 때문에 많은 분이 리액션은 참 잘합니다. 하지만 중간에 방해되는 요인들을 차단하는 데는 익숙하지 않은 모습을 자주 봅니다. 특히 중요한 계약이나 상담을 할 때는 이런 행동 하나 때문에 엄청난 비용을 치러야 할지도 모릅니다.

One Point Pick !
나를 잠시 내려놓고 내 눈앞에 있는 상대에게 온전히 집중해 보자.

· 이야기하라 ·
협상은 결정권자와 함께

우리는 때론, 상대가 진짜 원하는 것이 무엇인지도 모른 채 이야기하거나 결정권자가 누구인지도 모른 채 대화하다가 낭패를 보기도 합니다. 대화를 할 때는 상대의 진심이 무엇인지, 결정을 내릴 수 있는 사람인지 파악해야 합니다. 궁금하면 질문하면 됩니다. '왜 그런지?, 어떻게 해야 하는지?, 누가 결정권자인지?' 물어보기를 추천합니다.

얼마 전 결혼기념일에 있었던 일입니다. 가족과 함께 뷔페 식당을 찾았습니다. 예약을 하려고 전화했더니 코로나19 상황이어서 5인 가족을 증명하는 등본을 가지고 와야 한다고 했습니다. 등본을 가지고 식당에 도착해 자신 있게 내밀었습니다. 그러자 이번에는 또 다른 것을 요구합니다.

"성인분들은 신분증이 필요합니다."

이때 아내가 당황하며 대답했습니다.

"몰랐어요. 제가 지갑을 두고 왔는데 어쩌죠?" 제가 거들었습니다.

"제 신분증만으로 들어갈 수 없을까요?"

직원이 완강히 거절했고 나는 다시 말했습니다.

"아까 전화에서는 신분증이 필요하다는 말씀은 안 했잖아요?"

"안 됩니다. 저희도 규정이 있어서요."

"만약 문제가 생긴다면 제가 책임지겠습니다. 저희 한 가족 맞거든요."

그런데도 직원은 안 된다는 말만 되풀이했습니다.

"일단 다른 책임자 분을 불러 주세요. 만약 그분도 안 된다고 하면 가지고 올게요."

지배인으로 보이는 분이 무슨 일이냐고 물었습니다. 직원이 자초지종을 설명했고 저는 얼른 등본을 내밀면서 말했습니다.

"오늘이 결혼기념일인데요…." 특별한 날이라는 말에 지배인은 금방 수긍한 듯 대답했습니다.

"네. 가족이 맞는 거 같습니다. 들어오세요. 제가 안내해 드릴게요."

협상에서 가장 중요한 것은 상대가 원하는 것이 무엇인지 파악하는 겁니다. 첫 번째 협상 대상이었던 직원이 원하는 것은 분란이 생기지 않는 것이었습니다. 저희 가족을 들여보냈다가 껄끄러운 일이 생기지 않게 하는 것이었죠. 규정을 어겼다는 질책도 받지 않았으면 했을 겁니다. 이럴 때는 직급이 높은 사람이 이 상황을 책임지게 해서 결정하면 그만입니다.

스튜어트 다이아몬드는 『어떻게 원하는 것을 얻는가』에서 '협상할 때는 반드시 결정권자와 이야기하라'고 합니다. 이것은 영업의 기본 개념이기도 합니다. 열심히 설명했는데 상급자에게 허락을 받아야 한다면 헛수고를 한 셈입니다. 진작에 결정권자와 이야기하면 한 번에 해결될 것을 또다시 설명해야 합니다. 직원이 결정권자에게 어떻게 전할지도 알 수 없습니다. 협상이든 영업이든 결정권자에게 묻고 직접 설명하는 것이 좋습니다.

모든 협상에는 최소한 세 사람이 관여합니다. 실제 협상에 참여하는 두 명 외에 참여자들에게 영향을 끼치는 제3의 인물이 존재합니다.

비용 환불 문제로 데스크 직원과 이야기를 나누었는데, 입장이 난처한지 결정을 제대로 하지 못합니다. 자꾸 어딘가로 전화를 합니다. 그래서 이런 요청을 했습니다.

"제가 결정권자와 직접 통화하겠습니다. 전화해서 바꿔 주세요."

"사장님은 회원들과 직접 통화하지 않으세요."

"그럼 여기 계속 서 있을까요?"

사장으로 보이는 사람과 직접 통화해서 서둘러 환불 문제를 마무리 지었습니다. 데스크 직원을 통해서 이야기하면 상황이 왜곡될 수도 있고 중간에 오해가 더 커질 수도 있습니다. 우리는 빨리 중요한 결정권자를 찾아내야 합니다. 그리고 상대가 원하는 지점을 찾아야 서로에게 중요한 것을 주고받으며 마무리 지을 수 있습니다. 생산적으로 이야기하는 사람은 결정권자와 직접 대화하기 때문에 시간과 비용을 아낄 수 있습니다.

One Point Pick !
협상이 필요할 때 상대가 원하는 바를 빠르게 파악하거나 결정권자를 찾아 확실히 공략하라.

· 이야기하라 ·
이야깃거리를 수집하라

말을 잘한다는 것은 말을 많이 하는 것도 아니고, 조리 있게 말하는 것도 아닙니다. 풍부한 이야깃거리를 가지고 있는 것입니다. 몇 시간을 대화해도 지루하지 않고 도움이 되는 이야깃거리를 가지고 있는 사람이 말을 잘하는 사람입니다. 만약 어떤 직종이든, 어떤 성격의 사람이든 다양한 이야깃거리로 대화가 가능하다면 우리는 말을 잘하는 사람이 됩니다. 다채로운 이야깃거리를 만들기 위해서는 수집하는 능력이 필요한데요. 앞에서 말한 잡담의 능력이 요구되기도 합니다.

누군가 어떻게 이야깃거리를 수집하느냐고 물었습니다.
"일단, 신문을 많이 보세요. 그리고 다양한 책을 읽으세요."

"저는 무언가를 읽는 게 너무 싫어요."

"그럼, 첫 번째 만난 사람의 스토리를 기억해 두었다가 두 번째 만난 사람에게 그대로 써먹으면 됩니다. 그리고 두 이야기를 조합해서 세 번째 사람에게 이야기해 보세요."

"그게 잘 통할까요?"

"사람들은 생각보다 관심사가 비슷합니다."

많은 사람을 만나서 대화를 많이 해 본 사람은 재료가 무척이나 풍부합니다. 누구나 자신만의 이야깃거리들이 있기 때문입니다. 그런데 많은 사람을 만나봐도 할 말이 없다는 것은 이야깃거리로 만들어 보지 않아서 그렇습니다. 타인의 스토리를 잘 기억해 놨다가 자신의 이야기로 만들어 보세요.

오랜만에 친구들을 만나 이런저런 이야기를 나누었습니다. 나이 들어 친구를 만나면 건설적인 이야기보다는 과거 이야기를 많이 합니다. 주로 학창 시절 추억이 대부분이고, 남자들은 군대 이야기를 많이 하죠. 한참 이야기를 하던 중에 한 친구가 묻습니다.

"그런데 너는 옛날이야기를 어떻게 그렇게 많이 기억하냐?"

"내가 뭘, 그 정도는 다 기억하지."

"아니야, 가만 보면 정말 많이 기억해."

다른 친구들도 그 말에 동의합니다. 사실 아내도 그런 말을 많이 했습니다.

"당신은 옛날이야기를 다 기억하는 거 보면 기억력이 정말 좋은 거 같아."

그래서 제가 기억력이 좋은 이유를 생각해 보았습니다.

첫째, 기록입니다. 가끔 일기를 쓰고, 매일 있었던 일을 간단하게 에버노트에 기록합니다. 휴대전화의 음성 받아쓰기 기능을 활용해 기억해야 할 것을 항상 메모해 두기도 합니다.

둘째, 사진을 많이 찍고 잘 지우지 않습니다. 구글 포토에는 20년 동안 모은 사진이 업로드되어 있습니다. 고등학교 시절 행사 때마다 펜탁스 필름 카메라를 가지고 다니면서 인화한 사진도 있습니다. 한 번씩 사진을 넘겨 보면 예전 일이 상세하게 떠오릅니다. 지금도 스마트폰 카메라를 매우 중요한 기능으로 생각합니다.

셋째, 자주 예전 추억을 떠올립니다. 자연스럽게 반복해서 생각하다 보니 그만큼 기억에 오래 남습니다. 그러면 그 기억을 흘러가게 두지 않고 일기를 쓰거나 블로그에 올립니다. 기억을 소환할 만한 글쓰기를 하는 것은 분명 도움이 됩니다.

넷째, 친구들을 자주 만나서 추억에 대한 레퍼토리를 구성합니다. 이는 머릿속에 이야기 형식으로 기억됩니다. 한 편의 영화를 보듯 과거의 추억을 서사화시켜 머릿속에 담아두는 겁니다. 그리고 추억을 자주 떠올릴 수 있는 대화를 합니다.

다섯째, 기억력을 유지하기 위한 좋은 습관을 갖습니다. 가령 술이나 담배를 거의 하지 않고, 기억력에 좋은 영양소를 충분히 먹습니다.

리우난 저자는 『끌리는 말투 호감 가는 말투』에서 기억력은 훈련으로 강화될 수 있다고 합니다. 반복해서 되뇌다 보면 더 잘 기억하게 됩니다.

훈련방법은 '외우기'와 '읽기'입니다. 이 훈련의 목적은 두 가지입니다. 하나는 기억력을 키우는 것이고, 다른 하나는 구두 표현력을 강화하는 것입니다. 기억력은 말재주가 우수한 사람에게 꼭 필요한 자질입니다. 충분한 지식이 축적되어야 다양한 표현과 내용이 이야기로 만들어져 나옵니다. 그래서 다양한 독서가 필요합니다.

글쓰기를 하면서 느낀 것 중 하나가 인문학, 문학 관련 책은 조금씩이라도 읽어야 한다는 것입니다. 수십 년, 수백 년 동안 이어온 고전에는 그 나름의 힘이 있기 때문입니다. 거기에서 얻어지는 표현법이나 단어 선택은 자신을 고급스럽게 무장시켜 줍니다. 그런 표현법을 기억하고 연습하면 말을 더 잘할 수 있습니다. 그림이나 풍경, 사건을 묘사하는 연습도 좋습니다. 또한, 사건들을 스토리로 구성해서 말로 해 보는 것도 좋습니다. 이야기를 많이 해 본 사람들은 결국 많이 기억하고, 지식을 많이 활용하기 때문에 기억력이 좋아질 수밖에 없습니다. 자신이 내뱉은 말은 훨씬 오래 기억합니다.

저는 에버노트라는 디지털 도구를 자주 씁니다. 만나는 사람들을 노트로 정리해서 사진을 찍어 저장하거나, 때로는 얼굴이 기억나지 않을 것을 대비해서 상대의 카톡 프로필 얼굴을 캡쳐해서 저장해 두기도 합니다. 그러면 갑자기 만나러 가서도 실수하지 않습니다.

이야깃거리가 풍부한 사람과 대화를 하는 것은 즐거운 일입니다. 그를 만나면 또 어떤 추억거리를 소환해줄지 기대도 됩니다. 누군가에게 이런 소소한 즐길 거리를 주는 사람이 되어보시기 바랍니다.

One Point Pick !
말을 잘하고 싶다면 많은 사람이 흥미를 느낄 만한 대화의 소재를 찾아보자.

행동하고 사색하지 않으면 우리는 하던 습관 그대로 살아갑니다.
무언가 삐걱대고 제대로 되지 않을 때 우리가 해야 할 일은
처음 마음 먹었던 대로 돌아가는 것입니다. 그리고 다시 시작하는 것입니다.
다시 초심으로 돌아가 시작하는 건 쉬운 일이 아닙니다.
무엇보다 금전적 손해가 큽니다.
그러나 저는 강하게 마음 먹고 다시 기본으로 돌아가기로 했습니다.

PART 4

자세를 만들라_
힘은 자세에서 나온다

GO MEET TALK

'가서, 만나고, 이야기하라'만 잘 실천하면 웬만한 일들은 순조롭게 진행할 수 있습니다. 하지만 이를 지속해서 끌고 가려면 자신의 평판과 자세가 중요합니다. 사람은 한 번은 가능할지 모르지만 두 번 연속해서 성장하기는 쉽지 않습니다. 그것은 기본적인 자세가 갖추어져야만 가능합니다. 시중에 나오는 자기계발서 중에는 방법에 대한 글들은 참 많습니다. 하지만 우리가 실제 상황에 맞닥뜨리면 하나도 기억나지 않습니다. 오로지 자신의 습관에 따라 행동하기 때문이죠. 어제의 행동 그대로를 답습해, 오늘도 역시 똑같은 행동을 합니다. 만약 원하지 않는 결과가 계속 나온다면 습관이나 자세에 문제가 있는지 살펴봐야 합니다. 그것을 찾아서 오랜 시간 롤 플레이를 통해 연습하고 훈련해야 합니다.

처음 자세를 만드는 것은 쉬워도 이미 굳혀진 자세를 변화시키는 것은 만만치 않습니다. 그래서 처음부터 잘해야 합니다. 어느 운동이든 첫 자세 만들기가 있습니다. 대강했다가는 아마추어 수준에도 올라가지 못하고 헤매게 됩니다. 나중을 생각한다면 비록 느릴지언정 처음부터 제대로 된 자세를 갖춰야 합니다. 많은 사람과 일하다 보면 실적이 빠른 사람도 있고 느린 사람도 있습니다. 이 중 끝까지 해내는 사람들은 자세가 좋은 사람입니다. 이것이 끊임없는 훈련을 통해 자세 만들기에 신경 써야 하는 이유입니다.

자세는 겸손한 자세, 배우는 자세, 긍정적인 자세, 역지사지의 자세, 열정적인 자세 등이 있습니다. 다 당연히 갖추어야 할 자세들이고 누구나 조금씩은 가지고 있는 자세들입니다. 하지만 이런 자세를 제대로 만들기 위해서는 수년이 걸릴지도 모릅니다. 매일 내가 보여주는 언행이나 자세가 모여서 나의 이미지가 되고 평판이 되고 브랜드가 됩니다.

좋은 습관을 만들기 위해서는 삶에 대한 태도부터 변화시켜야 합니다. 아인슈타인은 "나약한 태도는 성격도 나약하게 만든다."라고 했습니다. 삶에 긍정적이고, 적극적인 태도를 가져야 좋은 습관을 유지할 수 있습니다. 좋은 습관은 끊임없는 발전으로 우리를 이끌 것입니다.

자세를 만들기 위해서는 코치를 활용하면 좋습니다. 자신의 주변에서 멘토를 찾고 코칭을 받으면 빨리 수정할 수 있습니다. 하지만 내면의 자세는 깊은 사색과 자기반성, 순간순간의 피드백을 통해서 가능합니다. 변화는 어차피 나의 몫이기 때문입니다.

· 자세를 만들라 ·
성공의 메타인지

'메타인지'라는 말을 한 번쯤 들어봤을 겁니다. 메타인지는 내가 '무엇을 알고 모르는지'를 아는 것입니다. 공자의 말씀 중에 "아는 것을 안다고 하고 모르는 것을 모른다고 하는 것이 진짜 아는 것이다."라는 말이 있습니다. 이것이 바로 메타인지입니다.

사람은 누구나 진짜 모르는 것은 모른다고 이야기합니다. 들어본 적이 없기 때문에 모른다고 이야기할 수 있죠. 하지만 만약 메타인지가 없다면 아는 것과 모르는 것을 구분하지 못해 헤매게 됩니다. 성공도 마찬가지입니다. 자신이 해낼 수 있는지 없는지를 아는 것을 '성공의 메타인지'라고 합니다.

동료와 이번 달 목표 달성을 위해 한참 고민하는데, 아무리 머리를 싸매고 고민해도 목표를 돌파할 길이 보이지 않았습니다. 동료가 한숨을 쉬며 말했습니다.

"이번 달은 정말 안 되겠어요. 며칠 남지 않았는데 너무 모자랍니다. 마이너스 성장을 감수해야 할 것 같습니다. 이번 달을 포기한다고 해서 올해 큰 문제가 생기는 건 아니니까요."

동료도 얼마나 답답하면 그렇게 말했을까요? 저는 이렇게 대답했습니다.

"저 역시 아무리 고민해도 답은 안 나오네요. 분명 다음 달에도 그다음 달에도 이런 위기는 계속 찾아올 겁니다. 계속 포기하면 결국 올해를 포기하게 될 겁니다. 지금 우리가 할 수 있는 일에 초점을 맞추죠! 걱정할 시간에 할 수 있는 일에 더 집중합시다."

갑자기 생각지도 못했던 아이디어가 떠오르지는 않았습니다. 상황을 돌파할 지름길도 없었습니다. 그러니 하던 일에 최선을 다하는 수밖에 없습니다. 할 수 있는 것에 더 집중하고, 시간을 조금이라도 더 늘리는 것입니다.

"이럴 때는 할 수 있는 일만 생각하자고요! 지금까지 우리가 해 왔던 일이 분명 맞다면 기적은 벌어질 겁니다. 이런 고비를 수없이 넘겨 왔는데 이번에도 분명 될 겁니다."

우리는 더 많은 통화를 하고, 더 많은 사람을 만나 대화를 나누었습니다. 새로운 거래처에 더 많은 제안을 하고 한 발이라도 더 뛰었습니다. 그랬더니 생각지도 않았던 사람을 만나고 기존에 없었던 주문을 받았습니다. 결국 일주일 만에 한 달여의 시간 동안 한 일과 비슷한 성과를 만들어내며 잘 마무리 지을 수 있었습니다.

이런 생각을 할 수 있었던 이유는 무엇일까요? 위기를 수없이 넘겨오면서 생긴 '막연한 자기 확신'입니다. 어떻게 돌파할 수 있을지는 알 수 없습니다. 그저 이번에도 잘 될 거라고 믿을 뿐입니다. 그리고 할 수 있는 일에 최선을 다하는 겁니다. 분명 어제보다 더 많이 할 수 있는 것이 있으리라 생각되었습니다. 목표에서 한참 부족한 상황을 맞이하고 있다면 마음이 조급해지고 초조해집니다. 누구나 그런 상황에서는 두려움이 찾아옵니다. 그러곤 쉽게 목표를 포기해 버리죠. 사실 포기한다고 해서 엄청난 문제가 생기지는 않습니다. 하지만 포기도 습관이 됩니다. 저는 제 인생을 그런 습관들로 채우고 싶지 않았습니다.

월초보다 월말에 더 성과를 많이 내는 이유는 무엇일까요? 글쓰기도 마감 시간에 더 잘 써집니다. 그 이유가 무엇일까요? 또 학기 중간보다 시험을 며칠 앞두고 공부가 더 잘되는 이유는 무엇일까요? 궁지에 몰렸을 때 위급상황에 더 집중하고, 획기적인 방법보다는 할 수 있는 일에 몰입할 수 있기 때문입니다. 그리고 그 집중하는 시간에 성장하는 나를 만나게 됩니다.

목표 시한이 다가올 때까지는 최선을 다한 것이 아닙니다. 그냥 한 것입니다. 목표 시한이 다가올수록 진짜 일을 하게 됩니다. 이때 자신이 가지고 있는 최고의 역량을 끌어낼 수 있습니다. 진짜 싸움은 이때부터입니다. 이런 순간에 포기하는 사람은 더 이상 발전할 수 없습니다. 포기도 습관이듯이 성공도 습관입니다. 어느덧 성공에 대한 메타인지가 생기는 것입니다. 그렇게 마지막 순간에 한 번 더 통화하고, 한 번 더 만난 것이 이어져서 다음 달에 기적을 만들어내는 것입니다.

인생은 한 달 안에, 일 년 안에 끝나지 않습니다. 순간순간 최선을 다하다 보면 다음 달, 내년 실적으로 이어집니다. 오늘 한 일이 꼭 오늘 결과를 만들지는 않는 것이죠. 성공의 메타인지가 있는 사람들은 그런 노력이 충분히 쌓여서 매달 원하는 결과를 얻어냅니다. 운이 좋아서가 아닙니다. 그래서 꾸준히 하는 것이 가장 좋은 능력입니다. 우리나라 인지 심리학 전문가 김경일 교수는 메타인지를 이렇게 이야기합니다.

"메타인지는 우리가 친근하게 느낄수록 할 수 있다고 생각합니다. 어색한 상황은 할 수 없다는 생각을 유도합니다."

목표에서 조금 미달한 마지막 날, 팀원이 물었습니다.
"우리 실적은 여기까지인가 봅니다."

"아니요. 아직 6시간이나 남았습니다."

"6시간 만에 기적이 벌어질까요?"

기적이라는 말을 하자마자 갑자기 거래처에서 전화가 왔습니다. 그 전화 한통은 큰 계약으로 이어졌습니다. 팀원에게는 그것이 정말 기적으로 보인 모양입니다.

"정말 운이 좋으시네요."

"이건 운이 아닙니다. 제가 몇 달 전부터 뿌려 놓은 씨가 지금 싹을 틔운 것뿐입니다. 노력을 충분히 해 두었기 때문입니다."

이번에 목표를 달성한 내가 다음에 도전할 나에게 말합니다.

"너는 어떤 순간에도 반드시 할 수 있어!"

One Point Pick !
성공의 메타인지가 있는 사람들은 오늘의 노력이 쌓여 원하는 결과를 얻어내는 것이다.

· 자세를 만들라 ·
한 명의 진정한 멘토를 만들어라

세상을 살아가면서 나를 이끌어 줄 스승 한 명만 있어도 우리는 원하는 위치에 한결 쉽게 다가갈 수 있습니다. 자신의 자세를 가다듬고, 가야 할 방향을 정하는 가장 좋은 방법은 코치를 활용하는 것입니다. 멘토의 도움을 받는 것이죠. 문제점을 지적해 주고 바로 잡는 데 멘토보다 더 좋은 것은 없습니다.

어떤 일을 하든 위기는 반드시 찾아옵니다. 그 위기에 대한 경험이 있는 사람과 같이 있다면 두렵지 않습니다. 조언해 주고, 방향을 잡아 주며, 역경을 같이 넘어가는 멘토만 있다면 우리는 쉽게 무너지지 않습니다.

멘토Mentor는 그리스 신화에 나오는 용어입니다. 오디세우스가 전쟁터에 나가면서 친구 멘토에게 자기 아들을 맡긴 데서 유래된 말입니다. 멘토는 친구, 상담자, 아버지처럼 친구의 아들을 돌보았습니다. 이후 멘토라는 이름은 신뢰를 주는 스승, 인생의 안내자, 본을 보이는 사람, 비밀까지 수용할 수 있는 사람으로 사용됩니다. 이후 17세기에 프랑스의 페넬롱은 루이 14세의 손자 루이스를 지도하며 멘토링의 사상을 다시 알리기 시작했습니다. 이때부터 멘토는 지혜를 가진 신뢰자로서 인생을 이끌어 주는 '리더'의 용어로 쓰였습니다. 멘토는 1970년대 후반 미국의 기업, 학교, 교회 등 각 조직에서 멘토의 필요성이 급부상하면서 다시 유행하기 시작했습니다. 한국에도 그 개념이 전파되기 시작해 이제는 일상 용어로 자리 잡았습니다. 현재 멘토는 생각보다 광범위한 개념으로 인식됩니다. 선생님, 코치, 교사, 상담자 등 다양한 역할을 합니다.

멘토는 책이나 오래된 사상가로부터 도움을 얻는 정신적인 멘토도 있고, 실제 주변에서 쉽게 만날 수 있는 실질적 멘토도 있습니다. 실질적 멘토는 어떤 자세를 갖추어야 할까요?

첫째, 실질적 멘토는 생존해 있어야 합니다. 세상을 떠난 위인은 정신적 스승은 되겠지만 실제 적용하는 데 있어서는 접근 불가능합니다. 그들의 사상은 책이 아니면 활용할 수 없습니다.

둘째, 실질적 멘토는 같은 분야의 지식을 가지고 있어야 합니다. 어떤 분야든 성공의 공식은 비슷하겠지만, 다른 분야의 스승에게는 실질적인 정보와 판단을 배우기 어렵습니다. 자기계발 서적을 읽고도 적용 불가능한 이유가 여기에 있습니다. 자기계발 책은 일반적인 사람을 타깃으로 한 것이기 때문에 자신의 분야에 적용하는 데 어려움이 따릅니다. 따라서 스스로 배우고 실패를 반복하면서 나아갈 수밖에 없습니다. 이때 실패를 줄여 주는 것이 멘토의 역할입니다.

셋째, 실질적 멘토는 만날 수 있어야 합니다. 그 분야 최고의 지식을 가진 사람은 많습니다. 하지만 내가 접근할 수 없는 위치에 있거나 어쩌다 한 번 만날 수 있는 사람이라면 죽은 사람이나 다름없습니다. 멘토를 필요로 할 때 바로 피드백을 주고 조언해 줄 수 있어야 합니다. 같은 분야의 비슷한 일을 한 사람일수록 노하우를 적용하기 쉽습니다. 감독보다는 코치에 가까운 개념입니다.

마지막으로 실질적 멘토는 진정성이 있어야 합니다. 나의 성공을 진정으로 바라는 아버지 같은 마음을 갖추어야 합니다. 같이 오랜 시간 함께 보낼 수 있어야 진정성도 나오게 됩니다. 한 명의 진정한 멘토만 있으면 성공으로 가는 데 문제가 없습니다.

One Point Pick !
나를 이끌어 줄 멘토 한 명만 있어도 성공으로 가는 길이 훨씬 수월해진다.

· 자세를 만들라 ·
기본으로 돌아가라

우리는 가끔 지름길이나 더 좋은 방법을 찾아 헤매곤 하지만 상황이 오히려 더 복잡해지고 업무량은 폭발적으로 증가할 때가 있습니다. 물리적 시간의 한계로는 감당하기 힘든 수준에 다다르면 그때야 돌아보며 되묻습니다. '지금 내가 잘하고 있는 건가?'

집중하던 일이 5년간 정체된 적이 있었습니다. 간절히 원하는 결과가 나오지 않아 꽤 긴 고통의 시간을 보냈습니다. 한편으론 긍정적으로 내적 성장의 시간이라 여겼습니다. 그래서 이대로 성장하면 언젠가는 폭발의 시기가 오리라 생각했습니다. 주변을 봐도 특별히 잘못한 것이 없어 보였습니다. 문제는 내가 원하던 결과와는 다른 방향으로 가고 있었고, 이것이 나를 더 무기력하게 만들었습니다.

저는 끊임없는 자아성찰을 통해 지금껏 하지 않은 일을 하기로 했습니다. 지금 하던 것을 반복하면 같은 결과가 나올 뿐이니 이제 바꾸어야 할 때임을 알았습니다. 되돌아보니 효율적인 성과 중심의 일만 찾아다니다가 기본에서 너무 멀리 와 있다는 걸 알게 되었습니다. 바쁘게 움직이고 있을 때는 보이지 않던 것들이 다시 보이기 시작했습니다. 이때 길을 제시해 준 것들이 독서와 멘토입니다.

행동하고 사색하지 않으면 우리는 하던 습관 그대로 살아갑니다. 무언가 삐걱대고 제대로 되지 않을 때 우리가 해야 할 일은 처음 마음 먹었던 대로 돌아가는 것입니다. 그리고 다시 시작하는 것입니다. 다시 초심으로 돌아가 시작하는 건 쉬운 일이 아닙니다. 무엇보다 금전적 손해가 큽니다. 그러나 저는 강하게 마음 먹고 다시 기본으로 돌아가기로 했습니다.

팀 페리스의 『나는 4시간만 일한다』를 보면 효과와 효율에 관해 이야기합니다. '효과'라는 것은 목표에 가까워지도록 일을 하는 것이고, '효율'은 그 일이 중요하건 그렇지 않건 가능한 한 경제적인 방식으로 주어진 임무를 수행하는 것을 말합니다. 이때 무엇을 하느냐, 어떻게 하느냐보다 더 중요한 것은 자신에게 '적절한' 일을 하느냐입니다. 내가 원하던 방향과 결과를 얻을 수 있는 행동을 하지 않으면 소용이 없습니다.

우리는 자신이 꿈꾸는 적절한 일을 해야 합니다. 어쩌면 우리는 누군가 시킨 일, 시간만 때우는 일을 하고 있는지도 모릅니다. 그 일이 의미하는 것이 무엇인지 모른 채 열심히 효율성만 높이고 있는지도 모릅니다. 무엇보다 중요한 것은 '방향'이라는 사실을 오랜 시간에 걸쳐 깨달았습니다. 지금부터라도 자신을 되돌아보며 '내가 왜 이 일을 하는지'에 대해서 고민해야 합니다.

제 주변에 아주 유능한 사람이 있었습니다. 프레젠테이션 자료도 잘 만들고, 말도 유창하게 합니다. 목소리도 매력적이어서 사람들이 금방 호감을 드러낼 정도입니다. 제품에 대한 지식도 풍부하고 서비스 정신도 아주 좋습니다. 그런 그가 근심 어린 얼굴로 찾아왔습니다.

"열심히 하는데 왜 실적이 나오지 않을까요?"

"걱정하지 마세요. 열심히 하면 앞으로 좋은 결실을 볼 수 있습니다."

"지금보다 어떻게 더 열심히 할 수 있겠어요?"

그래서 그와 함께 어떤 상황인지 체크리스트로 점검을 시작했습니다.

"여기 열 가지 해야 할 것들이 있습니다. 한번 점검해 보죠."

그는 놀랍게도 절반도 하지 않고 있었습니다. 남에게 보여지는 것들에 대해서는 열심히 연습하고 훈련했지만, 정작 기본적으로 해야 할 목록은 신경 쓰지 않았던 것입니다. 저는 그에게 기본으로 돌아가라고 조언해 주었습니다.

어느 회사든, 조직이든, 단체든 기본적으로 해야 할 것들이 있습니다. 그는 그것들조차 제대로 하지 않으면서 더 좋은 방법만 찾아다녔습니다. 그렇다면 효율적인 방법을 찾는 것이 쓸데없는 행동인 걸까요? 아닙니다. 무엇보다 기본을 잘 닦은 후에 발전을 위해서 힘쓰란 말입니다.

대니얼 카너먼의 『생각에 관한 생각』에는 직감과 알고리즘에 관한 이야기가 나옵니다. 우리는 보통 직감을 따르지만 때로는 알고리즘이 더 정확할 때도 있습니다. 감정이 개입되지 않기 때문이죠. 우리는 생각보다 시각적, 환경적 영향을 많이 받습니다. 남들의 평판이나 일에 투자하는 시간만 가지고 열심히 한다는 착각을 할 수도 있습니다. 종합검진을 하러 병원을 가면 가장 먼저 하는 것이 문진 테스트입니다. 기본 사항을 먼저 체크하는 것이죠. 그만큼 기본이 중요합니다.

친구가 배드민턴을 배우고 있다고 하더군요. 개인지도로 몇십만 원을 내고 있다고 해서 "뭘 그런데 돈을 쓰냐? 그냥 친구들이랑 모여서 재미있게 치면 되지."라고 했습니다. 그랬더니 친구가 이런 말을 합니다.

"그래서 실력이 안 느는 거야. 운동은 기본이 중요해. 기초 자세를 잘 만들어 놓지 않으면 아무리 노력해도 실력이 늘지 않아."

맞습니다. 제가 하는 일에도 그 친구가 하는 일에도 기본 자세가 존재합니다. 처음 배웠던 것들을 다시 시작하면 오히려 쉽게 결과를 낼 때가 많습니다.

어떤 일을 하든 가장 중요한 것은 처음 시작할 때의 마음가짐과 자세입니다. 누구든 시작할 때는 날카로운 눈빛으로 해야 할 일을 꼼꼼히 체크합니다. 지금 하고 있는 일을 처음처럼 점검해 보십시오. 아마 보완해야 할 것들이 생각보다 많이 보일 겁니다. 그 빈 곳만 채워도 일은 생각보다 잘 풀릴 겁니다.

One Point Pick !
일이 잘 풀리지 않으면 기본 자세로 돌아갈 필요가 있다. 어쩌면 기본만 고쳐도 쉽게 해결될지도 모른다.

· 자세를 만들라 ·
임계치를 확장하라

　　강헌구는 『가슴 뛰는 삶』에서 '생각의 임계 각도를 확장하라.'고 강조합니다. 미국 회사에 입사하는 한국계 이민자에게 미국과 한국의 이익이 충돌할 때 어느 편에 서겠냐는 질문을 던졌습니다. 보통은 둘 중 하나를 선택하겠지만 두 대답 모두 불리하게 작용할 여지가 큽니다. 당시 강헌구 저자는 '정의' 편에 서겠다고 답했다고 합니다. 상대가 원하는 원에서 더 큰 원을 제시한 것입니다. 무릎을 '탁' 치게 하는 대답이었습니다.

　　전공이었던 기계공학 공부를 내려놓고 당시 트렌드로 꼽히던 컴퓨터 관련 공부를 한 적이 있었습니다. 취업을 준비해야 했기 때문이었죠. 몇 개 회사와 인터뷰를 했고, 이름만 들어도 알만한 IT 회사에 다음 주부터 출근하기로 약속해 둔 상태였습니다. 그때 또 다른 회사에서도 연락이 왔습니다. 회사에 대해 알아보니 '자동화'라는 부서가 있더군요. 그래서 그 회사와도 면접을 약속했습니다. 전공이었던 기계공학이란 분야와 연결할 좋은 기회라 생각했기 때문입니다.

두 번째 회사와의 인터뷰가 진행됐습니다.

"어떤 프로젝트를 수행했었죠?"

"서버와 클라이언트 화상회의 프로젝트를 수행했습니다."

"음, 화상회의 프로젝트라…. 그게 가능성이 있다고 생각하시나요?"

"지금은 이용하는 분야가 없지만 미래 가능성이 크다고 생각합니다." 뭐 이런 뻔한 대화가 오고 갔습니다.

그때 저는 질문받는 입장에서 질문하는 상황으로 태도를 변경했습니다.

"궁금한 것이 있는데 여쭈어봐도 되겠습니까?"

이사들이 무슨 소린가 싶어 쳐다보더군요.

"사실 저는 다음 주에 다른 회사에 출근하기로 결정된 상태입니다. 여기에 인터뷰하러 온 것은 자동화 부서에 관심이 있어서입니다. 제 전공과 컴퓨터를 활용해 보고 싶어서요. 자동화 부서가 무엇을 하는지 알고 싶습니다."

깜짝 놀라는 표정을 짓던 한 이사가 말했습니다.

"우리는 보다시피 인터넷 관련 인력을 뽑고 있는데요. 자동화 부서 인력을 뽑을 생각이 없어요….”

갑자기 옆에 있던 다른 이사가 자기소개서를 자세히 보더니 묻더군요.

“혹시 기계 관련하여 일해 본 적이 있습니까?”

“네. 컴퓨터를 공부하기 전에 설계 업무를 했습니다.”

그 뒤로 제 전공에 관련해 몇 가지 질문을 하더니 마지막에 이렇게 물었습니다.

“그쪽에는 언제부터 출근하나요?”

“다음 주 월요일입니다.”

“그럼 언제까지 연락을 주어야 하나요?”

“내일까지는 주셔야 다른 회사에도 양해를 구할 수 있을 것 같습니다.”

“그래요. 결정되면 연락드릴게요.”

면접 다음 날, 월요일에 바로 출근해 달라는 연락을 받았습니다.

당시 같이 입사한 3명은 모두 인터넷 관련 부서였지만 저만 특별히 자동화 부서로 입사했습니다. 저를 뽑은 이사는 자동화 부서 책임자였는데 제 인터뷰가 무척이나 인상 깊었다고 하더군요.

박용후 저자의 『관점을 디자인하라』에서는 객관식과 주관식이란 말이 나옵니다. 객관식의 주어진 답만으로는 해결점을 찾을 수가 없습니다. 주관식으로 답할 줄 알아야 합니다. 내가 원하는 것을 주장하고 보여 줄 필요가 있다는 말입니다. 인터뷰에서도 상대가 원하는 질문에 대한 답만 제시해서는 온전한 나를 보여 줄 수 없습니다. 끌려가지 말고 생각을 확장해 본인의 이야기를 들려주는 것이 중요합니다.

테니스를 가장 잘 치는 방법은 공을 양쪽 구석으로 밀어 넣어 상대를 지치게 하는 것입니다. 질문하는 힘도 똑같은 원리로 작용합니다. 상대의 질문에 답을 찾아다니는 것은 코트 양쪽으로 뛰어다니는 것과 같습니다. 결국, 에너지는 다 소모하고 게임에서도 지고 맙니다.

임계치를 넘어선 사람들만이 그 너머의 다른 관점으로 생각을 전환하고 먼저 질문할 수 있습니다. 지금 하는 분야에서 충분히 잘 해내고, 일정 수준에 도달하게 되고, 통찰력을 키우면, 다른 질문을 할 수 있는 관점을 가질 수 있습니다. 따라가기 바쁜 사람은 리드할 수 없습니다. 리더가 된다는 것은 먼저 다르게 생각하는 사람이며, 질문할 줄 아는 사람입니다.

One Point Pick!
생각을 전환해 먼저 질문을 하면, 상대방과 대등한 입장이 되어 상황을 통제할 수 있다.

· 자세를 만들라 ·
실패로 힘들어하는 사람들에게

　　오류임을 알면서도 빠져나오지 못할 때가 있습니다. 긍정적인 자세를 유지하라고 배웠지만 쉬운 일은 아닙니다. 실패에서 벗어나기 힘들어하는 사람들과 대화해 보면 일종의 패턴이 있습니다. 무기력에 빠진 듯 주변에서 도움을 주려 손을 내밀어도 그 손을 잡을 힘조차 없습니다. 본인 스스로도 무엇이 문제인지 알고, 해답도 알고 있지만 실행할 의지가 바닥이 나 버린 듯합니다. 이들에게 어떤 처방이 필요할까요?

　오랜만에 친구를 만났습니다. 어딘가 의기소침해 있는 그에게 이유를 물었습니다.

　"무슨 일 있어?"

"요즘 되는 일도 없고, 모든 것이 내 능력 밖의 일인 것 같아."

"왜? 일이 잘 안 돼?"

"코로나 팬데믹으로 일거리가 안 들어와. 난 뭘 해도 이 모양이야. 안 되는 놈인가 봐."

"에이. 그런 사람이 어디 있어. 운이 안 맞은 거지."

친구의 이야기가 이어집니다.

"그전에도 될 만하면 틀어지더니 매번 이렇게 반복된다니까. 이번 일은 코로나가 끝나도 쉽게 정리되지 않을 것 같아. 뭔가 다른 일을 준비해야 하나 고민 중이야." 나는 다시 또 물었습니다.

"가정에는 별문제 없고?"

"일이 안 되니까 집에 가면 짜증부터 내니 편할 리 없지."

친구와는 이런저런 다른 이야기로 화제를 돌리기는 했지만 많이 힘든 모양이었습니다.

친구의 사연처럼 주변에 힘든 사람들은 무척 많습니다. 하지만 여기서 우리가 알아야 할 것이 있습니다. 바로 부정적인 신념의 속성입니다. 사람들은 자신도 모르게 한 번 부정적이 되면 쉽게 이 함정에 빠집니다. 앤서니 라빈스가 쓴 『네 안에 잠든 거인을 깨워라』에서는 다음 3가지를 강조합니다.

영속성Permanence : 영속성은 한 번 나에게 발생한 일이 계속될 거라고 생각하는 것입니다.

파급효과^{Pervasiveness} : 파급효과는 하나에 문제가 생기면, 다른 것들도 문제로 이어진다고 생각하는 것입니다.

인격화^{Personification} : 하나의 문제 때문에 자신이 문제투성이의 사람이라고 생각하는 것입니다.

친구의 이야기를 들으면서 '이 세 가지 영역의 늪에 빠졌구나.' 생각했습니다. 그렇다면 우리는 어떤 자세를 가져야 할까요?

'영속성'에서 벗어나는 길은 문제 상황이 절대 영원히 지속하지 않는다는 사실을 인지하는 것입니다. 시간이 지나면 우리는 성장할 것이고, 실패를 통해 더 배울 것입니다. 살면서 한 번의 시도와 배움으로 성공한 사람은 없습니다. 사랑하는 사람을 잃으면서 사랑을 배웠고, 사업에 실패하면서 일을 배웠고, 직장에서 실수하면서 업무를 배웠습니다. 지금도 그런 과정 중 하나라고 보면 됩니다.

두 번째 '파급효과'에서 살펴볼 것은 발생한 문제는 그 문제 하나로 끝난다는 것입니다. 절대 다른 일과 연관 지을 필요가 없습니다. 문제는 하나의 객체로 존재한다고 생각하면 됩니다. 연애는 잘하지만 일은 못 할 수도 있습니다. 아이에게 잘 못하는 아빠지만 사업에는 천재일 수도 있습니다. 공부는 못하지만 그림을 잘 그리는 사람도 있습니다. 회사 생활은 정말 못했지만 자기 사업에는 성공한 사람도 있습니다.

마지막으로 '인격화'에서 강조하는 것은 하나의 문제로 자신의 인격적인 부분까지 문제로 치부하는 것은 절대 해서는 안 되는 행동이라는 것입니다. 한 가지를 못했다고 해서 모든 것에 실패한 사람으로 낙인찍어서는 안 됩니다. 이것이 문제를 대하는 가장 나쁜 태도입니다. 세상에 모든 일에 실패를 겪는 사람은 없습니다. 어쩌다 문제가 생겼을 뿐입니다. 성공한 사람은 비슷한 문제로 실수와 실패를 겪지만 절대 자신을 실패자라고 생각하지 않습니다.

부정적 신념을 가지고 살아가는 것은 매일 일정량의 독극물을 먹는 것과 같다고 합니다. 한 번에 죽지는 않겠지만, 서서히 내 몸이 말라 갑니다. 어느 날 돌이킬 수 없는 나 자신을 발견하는 끔찍한 결과를 맞이할 수도 있습니다. 잘하는 방법은 다시 찾으면 됩니다. 주변에 도움을 요청하고 잘하는 사람을 만나면 됩니다. 자신이 하고자 하는 분야의 성공한 사람을 만나 보는 것도 좋습니다. 세상은 혼자 끌고 가는 것이 아니기 때문입니다.

One Point Pick !
"난 안 돼."라는 무의식적인 부정적 신념은 행복한 삶을 무너뜨린다.

· 자세를 만들라 ·
관계에서 호칭이 중요한 이유

사람은 대우받는 대로 행동한다는 것을 아십니까? 특히 그중에서도 가장 중요한 것은 호칭입니다. 사람들은 살아온 세월과 경험의 무게를 이름에 지니고 있습니다. 그래서 자신의 이름으로 불릴 때 가장 자신다운 모습을 보입니다.

저는 친구들의 아내를 부를 때 습관적으로 이름을 부릅니다. '김영희 씨' 혹은 '영희 씨'라고 부르죠. 친구들 중에는 다른 친구의 아내를 가볍게 "○○야."라고 부르는 친구가 있습니다. 어느 날 카페에서 친구들과 그 아내들을 같이 만났습니다.

"현주야, 그동안 잘 지냈어?"라고 친구가 물었습니다.

"오빠도 잘 지내요?"라는 대답이 돌아왔습니다.

저도 인사를 했습니다.

"현주 씨, 그동안 어떻게 지냈어요?"

나에게 돌아온 대답은 "잘 지냈죠. 정환 씨도 잘 지냈어요?"였습니다. 그래서 물었습니다.

"뭐예요? 누구는 오빠고 누구는 정환 씨고?"

"어… 내가 그랬나요? 글쎄요. 왜 그렇게 됐죠?"

호칭은 그에 맞는 관계를 형성합니다. 편한 호칭은 편한 관계를 만듭니다. 편해서 좋기는 하지만 친구와 나의 아내가 오빠, 동생 관계로 형성되는 것은 문제가 있다고 생각합니다. 인간관계는 적당한 거리가 유지되어야 그만큼 예의를 지키기 때문입니다.

호칭을 높여 부르거나 대등하게 부르고서 뒤의 말들을 막 던질 수는 없습니다. 그만큼 호칭에 따라 상대를 대우하게 됩니다. 호칭부터 편해지면 뒤에 나오는 말들도 편해져서 상대를 낮추게 됩니다. 호칭은 첫 만남에서 상대를 어떻게 대우하느냐를 결정하기 때문에 무척이나 중요합니다.

고객을 만날 때 '언니', '형님'이라고 부르면 정말 상대는 나를 동생처럼 편하게 대합니다. 'OO 씨'라고 부르면 적당한 거리감을 갖게 됩니다. 'OO야'라고 하면 친구가 됩니다. 'OO 님'이라 하면 갑과 을의 관계가 됩니다. 어떤 관계를 맺고 싶으냐에 따라 호칭을 달리 부르면 됩니다. 'OOO 과장님'처럼 직책을 붙여 부르면 과장님처럼 행동합니다. 이런 문제는 업무에서 매우 중요합니다. 사람은 대우하는 만큼 행동하기 때문입니다. 내가 상대를 어떻게 대하느냐에 따라서 상대도 나에 대한 대우를 달리합니다.

상대를 격 있게 대하고, 상대의 존재감을 높여주고, 호칭도 높여 예의 있는 말들을 사용하면 모임 자체도 품격이 생깁니다. 그런 사람들이 모여 있는 곳에서는 나도 품격 있는 사람이 되어갈 것입니다.

One Point Pick !
상대를 부르는 호칭에 신중하자. 그에 따라 나를 대하는 대우 또한 달라진다.

부자가 되고 싶다면 돌고래형 리더가 돼라

우리는 모두 성공하고 싶고, 부자가 되고 싶어 합니다. 사실 돈이 많다고 성공한 것은 아니지만 성공한 사람은 대부분 돈에서 자유로운 것이 사실입니다. 성공하기 위해서 우리는 공부를 하기도 하고, 인간관계를 배우기도 합니다. 돈 버는 법에 대해서 끊임없이 연습하고 훈련하며 나아갑니다. 하지만 인생에서 성공하는 사람은 확률적으로 5% 정도로 정해져 있습니다. 성공은 상대적 개념이기 때문입니다. 꼭 5% 안에 들지 않더라도 우리는 조금은 돈 걱정 없이 풍요롭게 살고 싶어합니다. 어떤 방법이 있을까요?

A는 독서량도 많고 열심히 자료 수집을 하며 공부하는 타입입니다. 그의 자료는 너무나 뛰어나고 훌륭해서 사람들이 좋다고 칭찬도 합

니다. 지식 습득력도 상당한 수준입니다. 한마디로 야무지고 똑똑한 사람입니다. 어느 날 그를 만났습니다.

"오늘은 무엇을 하고 계셨습니까?"

"앞으로 해야 할 일을 공부하고 있습니다."

"어떤 일을 하고 싶으신데요?"

"멋진 기업을 만들고 싶습니다. 재력가가 되고 싶거든요."

B를 만났습니다. 그는 인간관계에 충실해서 사람 만나는 것을 매우 좋아합니다. 누구든지 그를 만나면 매력에 푹 빠집니다. 말을 얼마나 잘하는지 모릅니다. 사람을 사귀는 능력도 뛰어나 만나는 사람은 금방 친구가 됩니다.

"무엇을 하고 계셨습니까?"

"사람들을 만나 이야기를 나눴습니다."

"어떤 일을 하고 싶으신데요?"

"멋진 팀을 만들어서 돈을 많이 벌고 싶어요."

위 사례에서 누가 정말 부자가 되었을까요? 실제 부를 창출하는 사람들의 이야기입니다. 아무래도 똑똑한 사람보다는 사람들과 잘 친해지는 사람이 유리하다고 생각할 겁니다. 하지만 진짜 부자는 이 두 사람을 고용한 사람입니다. 진짜 능력은 공부를 잘하는 사람도, 인간관계가 좋은 사람도 아닙니다. 그런 사람들을 조직해 조화로운 팀을 만드는 사람입니다.

사업가는 타인을 나의 편에 서게 하고 그들이 나와 같이 일할 수 있도록 만드는 능력을 가져야 합니다. 조직을 만들고 사람들을 협력하게 하는 사람을 우리는 리더라고 하죠. 진짜 리더는 어려울 때 앞에 나서고, 좋을 때는 뒤로 물러섭니다. 평소에는 자신을 드러내지 않고 팀과 융화되어 잘 어울립니다. 이런 리더를 돌고래형 리더라고 부릅니다.

나폴레온 힐은 『생각하라 그리고 부자가 되어라』에서 협력자를 만들라고 조언합니다. 협력자는 경제적 측면이나 심리적 측면에서 반드시 필요하다고 합니다. 실제로 에디슨, 포드, 앤드류 카네기 등 많은 위인이 조력자의 힘을 활용했습니다. 자신의 우수한 두뇌와 조력해줄 다른 두뇌가 조화를 이루도록 해 월등한 제3의 에너지를 만들었습니다. 스티븐 코비와 숀 코비의 공동 저서 『성공하는 사람들의 7가지 습관』에서는 시너지를 활용하라고 말합니다. 시너지란 전체가 각 부분들의 합보다 큰 것을 말합니다. 서로 간의 신뢰와 지지를 통해서 시너지를 극대화할 수 있습니다. 서로에게 도움을 주어 상호의존해, 더 큰 결과물을 만들어내는 팀을 구성해야 합니다.

인간에게 필요한 에너지의 근원은 3가지입니다.

- **무한한 지성**
- **축적된 경험**
- **실험과 연구**

이 3가지 에너지를 통합적으로 운영하는 데 있어서 가장 중요한 것은 무한한 '지성'입니다. 이것을 조화시킬 줄 아는 지혜를 가진 사람만이 에너지를 시너지로 만들어 폭발력을 만들 수 있고, 큰 부자가 될 수 있습니다.

협력자를 찾아서 친분을 쌓고, 비전을 공유하고, 서로 간의 신뢰를 만들어 가기 위해서는 용기가 필요합니다. 리더는 타인에게 자신의 비전을 전하고 거절을 두려워하지 않는 용기를 지녔습니다. 거절을 두려워하는 사람은 자신의 틀에서 벗어날 수 없습니다. 남들에게도 실패와 거절의 그늘에서 벗어날 수 있도록 용기를 줄 수 없습니다.

앞으로 세상은 각 분야의 탁월한 능력들을 끌어모아 용기 있게 나아가고, 필요하다면 뒤로 물러설 줄도 아는 돌고래형 리더가 이끌어 갈 것입니다.

One Point Pick !
진정한 리더는 공부를 잘하는 사람도, 인간관계가 좋은 사람도 아니다. 그런 사람들을 조직화하고 조화롭게 만드는 사람이다.

· 자세를 만들라 ·
스스로 결정하는 힘

저는 사람들에게 제안을 많이 하는 편입니다. 업무상 많은 제안을 하고, 또 반대로 많은 제안을 받기도 합니다. 특히 블로그를 하면서부터는 서평 제안이 많이 오고, 광고 제안도 많이 옵니다. 제안이란 누군가에게 어떠한 일을 해 보라고 권유하는 일이죠. 권유하는 사람에게도 좋은 일이지만, 허락하는 당사자에게도 좋은 일이 많습니다. 한 사람에게만 이득이 간다면 그건 제안이 아닙니다. 제시한 사람의 명령으로 어쩔 수 없이 받아들이게 된 희생일 뿐입니다.

오래전에 업무 때문에 친한 분에게 몇 가지 제안을 한 적이 있었습니다. 그분의 사정을 알고 있었기 때문에 좋은 기회가 될 거라 생각했습니다. 하지만 대답은 의외였습니다.

"제가 할 수 있을까요?"

저는 속으로 '그걸 왜 나에게 묻지? 할 수 있는지 물은 건 나인데...'라고 생각했습니다. 의문이 들었지만 답변은 긍정적으로 해 주었습니다.

"그럼요. 당연히 할 수 있죠. 물론입니다."

"제가 정말 할 수 있을지 모르겠어요."

사실 그분이 할 수 있을지 없을지는 누구도 모릅니다. 본인이 가장 잘 알 것이고, 모른다면 해 봐야 알 수 있는 문제입니다.

"제가 부족한 건 도와드릴게요. 걱정하지 마세요."

"저는 정말 하고 싶어요. 그런데 제가 할 수 있을지 정말 모르겠어요."

그분이 할지 말지 대답만 들으면 되는데 이야기가 길어집니다. 그나마 친분이 있어 좀 더 부드럽게 설득했습니다.

"만약에 할 수 없는 분이라면 저도 제안을 안 하겠죠. 저에게 계속해서 물으셔도 저의 대답은 한결같습니다. 할 수 있습니다! 걱정하지 마세요. 만약에 사업 자금이 부족해 은행에서 대출을 신청한다고 가정해 볼게요. 대출 담당자가 사업성에 관해서 물을 때 어떻게 대답해야 할까요? 당연히 '잘 해낼 수 있다.'라고 하겠죠. 그 자리에서 '저도 잘 모르겠어요.'라고 대답하지는 않을 겁니다."

결국 그분은 같이하기로 했고 우려와는 달리 잘 해내셨습니다.

또 다른 어떤 분은 저의 제안에 기도를 해 보고 하나님께 응답을
받아야 한다고 했습니다.

"그럼 얼마나 시간이 걸릴까요?"

"충분히 기도해 볼게요. 좀 기다려 주세요."

한 달 정도 지나서 허락의 응답을 받았다고 연락이 왔습니다. 하
지만 일을 시작한 지 한 달도 채 되기 전에 자기와 맞지 않는 것 같다
며, 미안하지만 일을 그만둬야겠다고 했습니다. 신기하게 허락은 외
부에 의지면서 그만두는 것은 자유의지입니다.

사람들은 왜 자신이 결정할 문제를 남에게 동의를 구할까요? 그냥
"해 보고 싶다. 도와달라."고 하면 될 일인데 말이죠. 우리는 남들의
시선, 의견, 거절에 너무 많이 신경을 쓰면서 살아갑니다. 실패했을
때 남들의 시선을 너무 의식합니다. 사회적으로 인정되는 선만 넘지
않는다면 우리는 그렇게 크게 남을 신경 쓸 필요가 없습니다.

누구나 실수도 하고 실패도 합니다. 그걸 몰라서 제안하는 것이
아닙니다. 누군가가 나에게 제안했다는 것은 충분히 가능한 사람이
라고 평가했기 때문입니다. 그 평가의 책임은 제안을 한 사람에게도
있습니다. 제안자도 모험을 각오한 것입니다. 그렇다면 받아들이는
사람도 모험을 해야 합니다. 그 모험은 단지 자신을 믿고 해 보는 것
입니다. '과연 그 일을 해낼 수 있을지, 다른 사람이 적합할지' 본인
이 고민할 필요는 없습니다. 나에게 제안을 했다는 것은 내가 그 일

에 적합한 사람으로 보였다는 뜻입니다. 정말 잘 못 본 것이라면 제대로 수정해 주고, 못하겠다고 말하면 됩니다. 할 수 있을 것 같으면 빠르고 확실하게 결정하고 같이 최선을 다해 보는 겁니다.

세상에 아무도 못 할 일은 그리 흔하지 않습니다. 또 처음부터 완벽하게 해내는 일도 흔하지 않습니다. 실수도 하고, 시행착오도 겪어가며 일의 완성도를 높이는 것이지요. 비록 시작은 미미해도 대부분 시간이 지나면 어느 정도까지는 다 잘 해냅니다.

인간의 능력은 생각보다 더 큰 역량을 발휘합니다. 어떤 일이든지 자신이 하려고만 마음먹으면 프로의 수준까지 올라갈 수 있습니다. 프로의 수준이란 그것으로 돈을 벌 수 있다는 말입니다. 그러니 자기 자신을 좀 더 믿었으면 좋겠습니다. 그 시작은 자신이 능동적으로 결정을 내리는 데서 비롯됩니다. 남에게 이끌려서 핑계를 만들어내는 결정 말고, 스스로 생각하고 그 믿음대로 내린 결정이 진짜 결정입니다. 그래야 꾸준히 끌고 갈 수 있습니다. 남이 믿어 주지 못하면 나라도 자신을 믿어 주어야죠. 오히려 남이 믿어 주는 나를 내가 믿지 못한다는 것은 참으로 아이러니합니다.

앤서니 라빈스의 『네 안에 잠든 거인을 깨워라』에서 믿음은 탁자와 같다고 합니다. 탁자가 안전하게 서 있으려면 튼튼한 다리가 필요합니다. 많으면 많을수록 좋습니다. 처음부터 안전한 탁자가 되는 것이 아니라, 그에 맞는 다리들을 만들어 가는 겁니다. 다리는 나를 지지해주는 작은 데이터들입니다. 지금부터 잘해 왔던 것을 정리해 봅니다. 그리고 그에 맞는 공부, 세미나를 들어봅니다. 사람은 더 많이 알수록, 친근할수록 잘할 수 있다는 착각을 하는 존재입니다. 믿음은 가만히 있다고 저절로 생기지 않습니다. 꾸준한 노력이 필요합니다.

One Point Pick !
인생의 주인으로 사는 첫 번째 방법은 스스로 결정하는 것이다.

PART 5

브랜딩 하라_
숨은 잠재력을 노출하라

GO MEET TALK

우리에게는 이미 우리만의 브랜드가 있습니다. 남과 다른 이미지부터 각자 다른 능력과 기술, 오랜 기간 축적돼 온 가치관과 경험 등이 브랜드가 됩니다. 그렇다면 이를 어떻게 다른 사람에게 인식시킬수 있을까요? 이 과정이 바로 브랜딩입니다. 브랜드의 이미지와 느낌, 아이덴티티를 수용자의 마음속에 심어 주는 과정입니다.

브랜딩에는 노력이 필요합니다. 가만히 있는데 누가 알아줄 리는 없습니다. 인터넷이 발달하기 전에는 브랜딩이 곧 평판이고 광고였습니다. 개인 브랜딩이란 것은 매스미디어에 노출되거나 책을 내는 것밖에 없었습니다. 그 결과로 우리가 기대할 수 있는 건 주변의 사람들에게 좋은 평판을 얻는 것이었습니다.

이젠 시대가 바뀌었습니다. 지구 반대편의 사람들에게도 얼마든지 나를 알릴 수 있습니다. 디지털 문명이 이를 가능케 했습니다. 퍼스널 브랜딩의 대가인 조연심 대표는 '디지털 발자국'이란 표현을 씁니다. 사냥꾼들은 발자국을 보며 대상이 어떤 동물인지, 언제쯤 지나갔는지 파악한 뒤 목표물을 좇습니다. 이처럼 누군가가 우리를 헤드헌팅 하게 하려면 나를 남기는 발자국을 많이 찍고 다녀야 합니다. 그러기 위해서는 먼저 무엇을 브랜딩할 것인가에 대해 고민해야 합니다. 한마디로 브랜딩은 '남에게 어필할 수 있는 나를 만드는 것'입니다. 그래서 브랜딩에는 목표가 존재합니다. 어떤 '나'가 되고 싶은지 먼저 설정해야 합니다. 나를 나타내는 데는 전문지식, 다양한 경험, 인간적 매력 등이 있습니다. 개성은 차별화에 도움이 되고, 전문적인 지식은 신뢰를 얻는 데 유용합니다. 두 개념을 잘 이용해서 효과적인 이미지를 만들어내야 하죠.

브랜드는 이미지로 존재합니다. 브랜딩을 하기 위해서는 내가 보여 주고자 하는 것이 무엇인지 고민해 봐야 합니다. 보여 주고 싶은 것을 통제하지 못하면 내가 원하지 않던 이미지로 다가서게 됩니다. 이미지화할 것을 정했다면 일관성 있게 꾸준히 보여 주어야 합니다. 축적된 지식이나 경험이 곧 자신이 되는 것입니다. 이것을 어떻게 구성할지가 바로 센스입니다. 센스는 하루아침에 얻어지는 것이 아닙니다. 끊임없이 도전해 보고, 피드백 받고, 사람들의 반응을 살피면서 조금씩 변화되어 가는 과정입니다. 센스는 여러 상황을 부딪쳐 보고 직관적으로 얻어지는 것이기 때문에 수많은 시간을 갈고 닦아야 합니다. 성실함은 기본이겠죠. 꾸준히 반복하고 인내하며 나아가는 과정이 필요하기 때문입니다. 세상에 게을러서 얻을 수 있는 건 많지 않습니다. 하지만 인내력은 얼마든지 노력하면 가질 수 있는 능력입니다. 인내력이 부족하다면 지금부터 목표를 정하고 일정 시간 지속하는 연습을 해야 합니다.

브랜딩은 한번 완성되면 좀처럼 변하지 않고 오랜 시간 '나'를 대변합니다. 시간이 걸려도 꾸준히 보여 주고 싶은 것을 설정하세요. 일단 무언가 하기로 결정하고 기본기를 갖추었다면 남들에게 어필하는 브랜드 활동은 필수입니다. 그래야 그동안 자신이 만든 노력을 꾸준히 이어갈 수 있습니다.

· 브랜딩하라 ·
누구에게나 강점 하나는 있다

시장에서 살아남으려면 기본적으로 무조건 잘해야 합니다. 자신의 주력 아이템은 누구와 비교해도 우위의 경쟁력을 갖추어야 합니다. 마케팅도 그에 못지않게 잘해야 합니다. 경쟁업체 100곳이 있어도 최고가 되거나 특별한 무언가가 있으면 경쟁이 필요 없어집니다. 문제를 외부로 돌리지 말고 자기 자신에게서 찾아보는 자세가 필요한 이유입니다.

잘 아는 지인의 식당을 찾았다가 자영업의 고충을 듣게 되었습니다.

"내가 딱히 못 하는 것 같지는 않은데 다른 가게보다 매출이 오르지 않아. 이유를 모르겠어." 나는 의아해서 물었습니다.

"지난번에는 잘된다고 하셨잖아요."

"아무래도 비슷한 가게가 생겨 나눠먹기 해서 그런 것 같기도 하고… 예전에는 우리 동네에 비슷한 가게가 5개밖에 안 되었는데 지금은 20개가 넘으니….”

이야기를 듣고 보니 자영업이 참으로 쉽지 않습니다. 우리나라가 OECD 회원국 중에 자영업자의 비중이 가장 높은 나라이니 당연한 결과일 수도 있습니다. 하지만 다른 생각을 해 볼 필요가 있습니다. 그래서 말씀드렸습니다.

"제가 봐서는 경쟁 상대만을 생각해서는 답을 찾을 수 없을 것 같아요. 어차피 1등은 시장을 50% 가까이 가져가더군요. 그렇다면 내 가게의 장점을 먼저 파악해야 할 것 같습니다. 저도 여기 음식이 맛있어서 오지만, 매출이 오르지 않는다면 뭔가 변화가 생겼다는 신호네요.” 나는 조심스레 말을 이었습니다.

"시장에서 살아남으려면 최소한 3등 안에 들어와야 합니다. 1등에서 구매나 서비스가 부족하면 2등이나 3등까지 내려갈 수는 있습니다. 하지만 그 아래로 떨어진다면 등수는 아무 소용이 없습니다. 뭔가 다른 특별함을 갖추어야 합니다.”

정재승의 『열두 발자국』을 보면 쥐 실험 이야기가 나옵니다. 쥐에게 4개의 향이 나는 먹이를 주고 선호하는 먹이를 조사해 본 실험이 있습니다. 얼마나 자주 먹었는지 조사해 보니, 첫 번째 선호하는 먹이에 비해서 두 번째 선호하는 먹이는 첫 번째의 50% 수준으로 나왔습니다. 세 번째 선호한 먹이는 두 번째의 50%로 나왔습니다. 네 번째로 좋아한 먹이는 세 번째의 50% 수준으로 나왔습니다. 선형으로 하향하는 그래프 양상을 보입니다.

고객 관리도 이와 비슷합니다. 사람은 뇌 사용의 에너지를 줄이기 위해 한 번 선택한 걸 다음에도 습관적으로 선택합니다. 이것이 바로 브랜드가 중요한 이유입니다. 브랜드는 선택되기 위해 특별한 행동을 하지 않아도 된다는 걸 상징적으로 보여 주기 때문입니다.

저는 중국집에 가면 별로 많은 생각을 하지 않고 대개는 짬뽕을 주문합니다. 좀 다른 맛을 원하면 짜장이죠. 그리고 좀 더 다른 것을 추가하면 탕수육을 선택합니다. 다른 음식을 먹어 보기도 했는데 별반 다르지 않습니다.

최근에는 마라탕 가게에 자주 갑니다. 지인이 시작한 집이라서 애용하다 보니 그 맛을 이제 알겠더군요. 거기서도 큰 고민하지 않습니다. 대개는 마라탕만 먹지만 어쩌다가 꿔바로우를 추가합니다. 이처럼 대표적인 메뉴가 정해지면 웬만해서는 바뀌지 않습니다.

시장에서도 보통은 1등이 30~50% 정도 시장을 점유하고, 2위로 내려갈수록 반씩 줄어드는 현상을 보입니다. 알 리스와 잭 트라우트가 공동 저술한 『마케팅 불변의 법칙』에서도 소개된 현상입니다. 시장에서는 3등 정도까지만 살아남을 확률이 높습니다. 만약 그 분야에서 1등을 하지 못하면 카테고리를 세분화해서라도 1등으로 만들

어야 합니다. 최근 들어 카테고리가 많아지는 이유입니다. 전 세계 1
등, 대한민국 1등, 가전 부분 1등, 소비자 만족 1등, 사후관리 부문 1
등, 유통혁신 부분 1등, 렌탈 부분 1등, 1등은 이루 말할 수 없이 많
습니다. 브랜딩을 할 때도 자신만의 독특한 카테고리가 있어야 합니
다. 같은 것을 가지고 경쟁하면 이겨도 손해가 클 수 있습니다. 남들
이 하는 것을 따라 하지 말고, 나만의 경쟁력을 살려서 독점해야 살
아남을 수 있습니다.

선택이 늘어나면 결정하기 어렵습니다. 메뉴도 여섯 가지 안으로
줄이는 것이 좋습니다. "뭐 좋아하는지 몰라 다 준비했어."라는 말이
있지만, 사람은 기본적으로 선택을 어려워하는 뇌 구조를 가지고 있
습니다. 많은 메뉴를 준비하는 것보다는 잘 나가는 몇 가지에 집중
하는 것이 매출에 도움이 됩니다. 이것이 바로 백종원씨가 〈골목식
당〉이란 프로그램에서 자주 요구하는 사항입니다. '이것만큼은 나를
따를 자가 없다!'라고 느낄 만한 아이템을 개발하는 것이 매일 우후
죽순으로 생겨나는 동종 사업에서 살아남는 비법입니다.

> **One Point Pick!**
> **잘하는 것 하나를 월등하게 만드는 것이 살아남는 길이다!**

·브랜딩하라·
커넥터가 되어라

현대는 SNS 시대라고 할 정도로 수많은 관계 앱이 존재합니다. 이를 통해 수많은 사람과 소통하고 나를 표현합니다. 프로필 사진에 신경 쓰고 블로그에 일상을 올립니다. 그렇게 맺어진 이웃들은 친구도 아닌데 매일 댓글을 주고받기도 합니다. '던바의 수 150명'을 넘어서는 이 사람들은 도대체 나에게 어떤 의미일까요?

방대한 인맥을 자랑하는 한 지인이 있습니다. 친한 사람은 많지 않은데 휴대전화엔 1000명이 넘는 사람들이 저장되어 있습니다. 어느 때는 전화가 와도 누구인지 모르고 받을 때가 있습니다. 그래도 센스 있게 일단 인사를 합니다.

"아! 안녕하세요. 잘 지내셨어요? 오랜만이시네요."

상대가 말하는 것을 듣고 누구인지 알아챕니다. 이름을 보고도 누구인지 모른다는 것은 분명 자주 통화하는 사이는 아닙니다. 눈치껏 대화의 내용으로 상대가 누구인지 기억해 냅니다.

얼마 전에 이분이 패션 마스크를 쓰고 나타났습니다. 마스크 자랑을 얼마나 했던지 갑자기 주변에서 그분이 쓴 마스크를 사고 싶다며 주문이 들어옵니다. 그래서 물었습니다.

"혹시 마스크도 파세요?"

"아니요. 아는 분들이 주문하니 어쩔 수 없네요. 대신 사다가 드려야죠."

그 자리에서 마스크 주문을 20장 넘게 받아 냅니다. 놀라운 능력입니다. 언젠가는 큰 가방에 옷을 담아 왔습니다.

"이게 다 뭔가요? 이제는 옷도 파나요?"

"아, 제가 입은 옷이 마음에 든다고 사다 달라고 해서 아는 분 옷가게에서 구매해 왔어요."

"와, 물건을 엄청나게 잘 파시네요."

"아, 아니에요. 제가 직접 파는 게 아니고 팔아드리는 겁니다."

발이 어찌나 넓은지 아는 사람도 많습니다. 무엇보다 주변 사람들에게 물건을 사고 싶게끔 하는 재주가 보통이 아닙니다. 이런 분들이 동네 연예인인가 싶습니다. 이런 유형의 분들은 트렌드를 만들어 내고 입소문을 달고 사는 사람입니다. 이들은 이런 일들이 즐겁다고 말합니다. 자신이 가방을 사면 아는 분들에게 카톡을 찍어 보냅니다. 사람들과 구매정보를 나누고 적극적으로 프로모션합니다.

　말콤 글래드웰은 『티핑포인트』에서 이런 부류의 사람을 '커넥터'라고 부릅니다. 이들은 별 볼 일 없는 것을 대유행으로 만드는 재주가 있는 사람들입니다. 이들이 가진 유대관계의 결속력은 그리 단단하지 않습니다. 약한 유대관계이지요. 여기서 말하는 약한 유대관계란 친한 친구는 아니라는 말입니다. 우리가 흔히 말하듯 '그냥 아는 사람'입니다. 커넥터는 새롭고 다양한 유대관계를 맺고, 그들을 통해 얻은 정보들을 다른 분야의 사람들에게 전달하는 역할을 합니다. 이들은 다양한 세계에 발을 걸치는 능력이 있습니다. 호기심, 자신감, 사교성, 에너지가 조합되어 왕성하게 작용합니다. 이런 사람은 사회적 힘이 매우 강해서 이들을 통해 강력한 입소문이 형성됩니다.

　저는 블로그를 시작한 뒤 이웃들이 생기기 시작했습니다. 그들의 블로그에 방문하고 댓글도 달면서 친해졌습니다. 좋은 정보가 있으면 서로 초대해서 알려 주고, 같이 참여를 유도하다 보니 강한 유대감이 생겼습니다. 〈블로그 마을〉이라는 가상 마을을 만들어 메타버스로 발전시켜 같이 참여를 유도한 이웃도 있습니다. 거기서 파티를 하고 가상의 매장을 열어 이야기를 주고받으며 소통하는 거대 공동체를 만들어낸 것입니다. 〈꿈의 학교〉, 〈꿈의 도서관〉 같은 공동체를 만들어 시 낭송, 소설 쓰기, 시 쓰기, 에세이 쓰기, 음악 나누기 등을 하며 엄청난 지적 관계를 만들어냅니다. 약한 유대관계이긴 하지만 그들은 서로를 응원하고, 도움을 주고받습니다. 이러한 움직임은 강력한 브랜딩을 만들어냅니다.

주변에 보면 커넥터의 기질을 가진 사람들이 다수 있습니다. 블로그 세계에서 이들은 인플루언서의 역할을 담당합니다. 다양한 사람들과 소통하고, 정보를 주고받습니다. 다양한 집단이 모이는 곳에서는 새로운 아이디어가 생겨납니다. 이런 커넥터들이 모여 아이디어를 새롭게 탄생시킵니다. 별 볼 일 없는 것이라 생각되던 제품이나 서비스들이 갑자기 매력적인 아이템으로 재발견되기도 합니다. 화려한 문명이 다양한 문화가 집결된 곳에서 생겨난 것은 결코 우연이 아닙니다. 주변에 괜찮은 커넥터를 많이 두고 있다면 새로운 문화를 많이 보게 될 것입니다.

현대 사회는 SNS를 통해서 약한 유대관계가 많아지는 추세입니다. 이런 유대관계에는 장단점이 있습니다. 커넥터의 관점에서 본다면 아주 좋은 입소문을 활용할 강력한 기회입니다. 이런 사회에서 커넥터의 기질을 배워보는 것도 좋을 듯합니다. '주변에 아는 사람이 없어요.'라고 볼멘 소리를 하기보다는 조금 더 적극적으로 움직여 여러 관계망을 가져 보는 것은 어떨까요?

블로그를 하다 보면 약한 유대관계에서 강한 유대관계로 발전하는 분들도 생겨납니다. 이런 과정을 겪다 커넥터와 커넥터가 연결

되면 엄청난 힘이 생겨날 것입니다. 아마 지금까지 경험해보지 못한 새로운 유행이나 사회적 이슈를 만들어낼지도 모를 일입니다. 앞으로는 얼마나 큰 네트워크를 구성할 수 있느냐가 미래의 자산이 될 것입니다.

One Point Pick !
초연결 사회에서 수많은 사람과 관계를 맺어 상호작용하는 커넥터로 거듭나 보자.

· 브랜딩하라 ·
누구도 대체할 수 없는 존재

　　　　　　직원들은 누구나 내가 없으면 회사가 잘 돌아가지 않는다고 착각하곤 합니다. 저도 그랬습니다. 절대적으로 구조조정되지 않을 줄 알았습니다. 하지만 구조조정이 시작되자 부서 자체가 없어졌습니다. 나라는 존재가 쉽게 대체될 수 있음을 알았을 때 인생을 다시 설계해야 했습니다.

저는 직장생활 당시 프로그램 개발자로 많은 프로젝트를 진행했습니다. 대기업 프로젝트도 몇 개나 진행했었고, 단독으로 진행하던 것들도 몇 개가 되어서 사후관리 차원에서라도 내 위치가 중요하다고 생각했습니다. 회사에서 나는 절대적인 필수요원이라고 자부하며 근무했습니다. 이런 생각이 얼마나 자만했던 것인가 알게 되었습니다. 그렇다면 누구나 대체할 수 없는 존재는 어떻게 만들어지는 것일까요?

퇴사한 뒤, 다니던 회사를 들른 적이 있습니다. 마침 사장님이 계셔서 이런저런 이야기를 나눌 기회가 생겼습니다. 그때 그동안 궁금했던 질문을 던졌습니다.

"개발자를 다 구조조정하셨는데요. 회사를 경영하면서 사장님에게 가장 중요한 직원은 누구인가요?"

사장님은 고민도 하지 않고 영업과장이라고 답했습니다. 사장님께 이유를 물었습니다.

"개발자는 언제 어디서든 필요하면 구할 수 있지만, 회사의 밥줄을 책임지는 영업은 쉽게 구할 수가 없거든. 만약 내가 다시 회사를 차려야 한다면 영업과장을 데리고 나갈걸세."

기분이 좋지 않았지만 어쩔 수 없는 현실이었습니다.

"그다음은 누구인가요?"

"미안하지만 개발자는 아니네. 회사를 운영해 주는 내부 직원들이지."

"설마요… 우리가 돈을 다 벌어오는걸요."

"잘 생각해 보게. 자네 같은 개발자는 정말 많네. 충분히 아웃소싱으로 해결할 수도 있지. 그러니 자네도 한 회사의 대체 불가한 존재가 되는 게 중요하네."

사장님께서 해주신 말씀은 큰 교훈이 되었습니다. 덕분에 현재 직책과 업무를 객관적으로 바라볼 수 있게 되었습니다. 한마디로 나는 쉽게 대체되는 존재였던 겁니다.

대학을 졸업할 무렵, IMF 경제위기가 발생해 취업의 길이 모두 막혔을 때였습니다. 당시 교수님 친구분이 현대자동차 사장님으로 계셔서 강연에 초빙되어 오셨습니다. 그분의 강의가 지금도 잊히지 않습니다. 졸업반으로 가장 힘든 시기였으므로 어떤 돌파구를 전해 주리라 기대했습니다. 그런데 그분은 왜 현대자동차 같은 회사에 들어오려고 하는지부터 질문했습니다.

"여러분이 지금 입사해도 수만 명의 직원 중 한 명일 뿐입니다. 눈에 띄지도 않습니다. 그렇게 이름 없는 직원으로 살다가 갈지도 모릅니다. 아무리 노력해도 웬만해서는 눈에 띄지 않는 게 현실입니다. 현재 취업이 힘든 시기가 기회가 될지도 모릅니다. 누구도 대체할 수 없는 자신만의 일을 시작해 보기를 바랍니다. 제가 사장이 된 것은 잘해서가 아니고 입사 동기 중 남은 사람이 저밖에 없었기 때문입니다."

그분의 말을 지금도 되새겨 봅니다. 그분의 말씀은 이미 20여 년 전 이야기지만 정확히 사회의 흐름을 꿰뚫어 본 혜안이 담겨 있었습니다. '창의적인 자신의 일을 통해 대체 불가한 인력이 되라.'는 이야기지요.

혹시 자신의 일이 그 누구도 대체할 수 없는 중요한 일이라고 생각합니까? 세스 고딘의 『이카루스 이야기』에서는 이런 사람을 '린치핀'이라고 정의합니다. 똑같은 질문을 여러 사람에게 던져 보았지만 과거의 저처럼 회사에 없어서는 안 될 존재라고 생각하는 분들이 많다는 것을 알았습니다. 다들 회사가 자신을 해고하지 못할 거라 착각하더군요. 객관적으로 타인의 평가에 귀 기울여 보면 자신의 위치를 어느 정도 알 수 있습니다.

우리에겐 '확증편향'이 있어서 자신이 보고자 하는 것만 보려는 경향이 있습니다. 자신이 중요하다고 생각하면 그에 관련된 것만 눈에 보이기 때문에 착각하기 쉽습니다. 주변 사람들보다 자신이 더 뛰어나다고 생각하는 것은 착각입니다. 로또를 구입하는 이유도 여기에 해당합니다. 확률적으로는 불가능에 가깝지만, 왠지 내가 산 로또는 당첨될 것 같은 착각을 불러일으킵니다. 대부분의 도박 심리가 이렇습니다. 우리는 이로 인해 희망을 품고 계속 도전하지만, 자신의 실패 가능성에 대해서는 철저히 대비하지 못할 때가 많습니다. 항상 플랜 B를 준비해야 한다는 것을 생각하지 못합니다.

가토 다이조의 『인생의 무게를 가볍게 하는 심리학』을 읽다가 "사람은 마켓에서 찾으면 된다고 어느 경영자가 말했다."라는 구절을 보고 충격을 받았습니다. 예전에 사장님이 하신 말씀 그대로였기 때문입니다. 내가 사장이라면 나를 고용할 의사가 있는지, 내가 거래처라면 나와 파트너 관계를 맺고 싶은지 한 발 떨어져 생각해 보는 눈이 필요합니다.

만약 부족한 나를 성장할 때까지 기다려 주는 사장이 있다면 정말 좋은 사람을 만난 것입니다. 기다려 주기에는 너무나 많은 불확실성이 존재하기 때문입니다. 회사와 시장은 기다려 주지 않습니다. 성장은 오로지 자신의 몫입니다. 성장하지 못하는 직원은 금방 대체될지도 모릅니다.

이제는 자신의 정체성을 바탕으로 자신을 시장에서 거래 가능한 상태로 만들어야 합니다. 잘 포장하고 홍보하여 명품이 되도록 만들어야 합니다. 전 세계 어느 곳이나 시장이 되는 세상입니다. 아무리 먼 곳이라도 온라인으로 거래되는 만큼 누구나 자신을 브랜드화시켜 잘 파는 능력을 키워야 합니다. 예전처럼 잘 파는 영업직이 따로 있는 것이 아닙니다. 내가 곧 상품개발자이자 마케팅 담당자입니다.

One Point Pick !
급속히 변해 가는 시대에 그 누구에게도 대체되지 않는 존재가 되기 위해서는 나만의 브랜딩이 필요하다.

· 브랜딩하라 ·
액세서리가 나의 이미지를 만든다

처음 만난 사람에게 나의 존재를 어필하는 방법은 무엇일까요? 외모, 얼굴, 표정, 말투, 콘텐츠, 온라인 검색 등이 있을 것입니다. 특히 요즘은 SNS 프로필을 보고도 판단합니다. 잘 관리된 SNS가 자신을 브랜딩하는 데 한몫합니다. 만나는 장소, 사람, 분위기에 따라서 다른 모습을 보여야 할지도 모릅니다.

예전에 보험에 가입하려고 할 때의 일입니다. 계약 내용을 확인하고 사인을 할 때, 나도 모르게 재킷의 속주머니에 꽂혀 있던 펜을 꺼내어 사인을 준비했습니다. 상대는 자신의 펜을 나에게 막 건네주려던 참이었습니다.

"죄송합니다. 저는 제 펜이 익숙해서요."

그러자 상대는 놀라는 얼굴로 말했습니다.

"와! 만년필 쓰세요?"

"네, 필기감이 좋아서 주로 이걸로 씁니다."

이후 그는 가격이 얼마냐, 만년필은 무엇이 좋으냐, 필기감은 어떠냐 등 여러 가지를 물어왔습니다. 만년필 하나가 대화의 주제를 바꾸고 나를 좀 더 특별한 사람으로 만들 수도 있다는 사실을 그때 깨달았습니다.

그 만년필은 지인에게 선물 받은 것인데, 사용한 지 한 달 정도밖에 안 된 펜이었습니다. 보기에도 고급스러워 보였습니다. 그러고 보니 제 주변에서 만년필을 쓰는 사람을 거의 본 적이 없습니다. 그만큼 희소성 있는 모습으로 비친 듯합니다. 그날 나는 그 만년필의 가치와 비슷한 사람이 되었습니다.

그 후 우연히 『백만불짜리 습관』의 저자 브라이언 트레이시의 강의를 들었습니다. 그가 쓴 책도 읽었습니다. 자신을 고급스럽게 보이기 위해서 절대 싸구려 볼펜을 가지고 다니지 않는다는 그의 말이 귀에 꽂혔습니다. 브라이언 트레이시가 보험업에 종사할 때의 일입니다. 계약 성사의 마지막 사인을 부탁할 때 싸구려 볼펜을 고객에게 건넨 적이 있다고 합니다. 그다음은 우리가 상상하는 그대로입니다. 고객은 자신이 이 정도밖에 안 되는구나 싶은 마음이 들었는지 결국 보험 계약을 취소했다고 합니다. 모든 사람이 그렇지는 않겠지만 펜의 가치를 소중하게 생각하고 자신과 동일화하는 사람도 있습니다. 수백, 수천, 수억 달러짜리 계약서에 자신의 이름을 남기는데 천 원짜리 볼펜은 입장을 바꿔 생각해도 아닌 것 같습니다.

얼마 전에 생각해 볼 만한 기사를 보았습니다. '호텔 룸에 왜 고급스러운 볼펜을 비치하는가?' 하는 내용이었습니다. 비치된 그 볼펜은 어느 순간 사라지는데요. 고객이 가지고 가는 경우가 대부분이라고 합니다. 볼펜에는 호텔 이름이 적혀 있습니다. 고급스러운 볼펜일수록 고객은 자주 지니고 다니고, 이는 자연스럽게 다양한 사람들에게 호텔을 홍보하는 계기가 됩니다. 고급스러운 볼펜이 호텔의 이미지를 대변하며 마케팅을 하는 겁니다.

브라이언 트레이시는 옷을 살 때도 차라리 비싼 옷을 사라고 이야기합니다. 값싼 옷은 디자인도 떨어지지만 오래 입기가 힘듭니다. 차라리 비싼 원단의 옷을 사서 여러 해를 입고, 자신을 더 고급스럽게 보이도록 하는 것이 이득이라는 겁니다. 비싼 옷은 유행도 덜 타고 오래 입을 수 있으니까요.

우리가 입고 있는 옷, 구두, 펜, 가방, 넥타이, 자동차 등 이런 것들이 우리를 표현하는 방식이라는 사실이 조금은 서글프지만 이것이 현실입니다. 자신의 형편에 맞지 않게 과도하게 비싼 것을 살 필요는 없지만, 이왕이면 제대로 갖추면 좋습니다. 남보다 뛰어날 필요는 없지만, 자신을 내세울 수 있는 한 센스있는 모습을 보이는 것은 중요합니다. 특히 사람을 상대하는 직업을 가진 사람들에게는 무척이나 중요한 문제입니다. 아무리 좋은 가치를 지닌 '나'일지라도 포장을 제대로 하지 못하면 가치에 빛을 더하기가 어렵습니다.

제가 아는 요리 강사님이 인스타그램에 사진을 너무 멋지게 찍어 올리길래 물었습니다.

"사진 느낌이 너무 좋아요. 그전에 사진을 많이 찍어보셨나 봅니다."

"아니요. 인스타그램에 올리려고 사진 학원을 다녔어요. 그리고 DSLR 카메라도 하나 구입했죠. SNS에 사진 올리는 것도 만만치 않은 작업이네요."

프로는 역시 다르게 행동하고 다르게 접근한다는 것을 알았습니다. 인스타그램이나 블로그 사진 하나도 그냥 올리지 않더군요. 이 모두가 자신의 이미지와 연결되기 때문입니다.

One Point Pick !
나를 대변하는 이미지를 가치 있게 만드는 것은 단순한 포장을 넘어선 과정이다!

· 브랜딩하라 ·
나의 히트작을 만들어라

　　어느 분야든 성공한 사람들의 공통점 중 하나는 꾸준한 인내력입니다. 한번 시작한 일은 어떤 결과가 나오든 끝까지 해내야 합니다. 하지만 그 과정은 정말 길고도 어두운 터널이 될지도 모릅니다. 누군가는 포기하기 때문에 끝까지 버텨낸 이가 인정받는 것입니다. 누구나 모두 해내는 일을 우리는 성공이라고 말하지 않습니다. 마무리라고 말합니다. 마무리는 성공과는 다른 문제입니다. 남들이 포기하는 지점이 내가 성공하는 임계점이 되는 것이죠. 자신의 작품이 나올 때까지 꾸준히 인내력을 발휘해 보세요.

　　얼마 전에 우연히 박학다식한 분을 만났습니다. 내세울 자랑이 많으시더군요. 그의 말이 사실이라면 대단한 사람이 맞습니다. 그래서 물었습니다.

"혹시 그 일로 어디까지 가셨어요?"

"어떤 걸 말씀하시는지?"

"직책이라 해야 하나요? 아니면 상을 받으셨다든지, 책을 내셨다든지?"

"그런 것은 없었어요."

그분에 대한 신뢰가 약간 의심되기 시작했습니다. 나에게 어떤 일을 하는지 묻더니 자기도 경험이 있다면서 또 아는 척을 하더군요. 다른 건 몰라도 이 분야는 내가 전문가니까 제대로 물었습니다.

"아. 대단하십니다. 그럼 어디까지 해 보셨나요?"

결국, 그분의 말을 종합해 보면, 해 본 건 맞지만 남들이 인정할 만한 위치까지 가 보지 않은 분이었습니다. 내가 달성한 것들에 대해서 잠시 말씀드렸습니다. 그러자 휴대전화로 제 이름을 검색해 보더군요. 검색 결과를 보더니 깜짝 놀라며 이렇게 말했습니다.

"죄송합니다. 제가 번데기 앞에서 주름잡았네요."

"아. 괜찮습니다. 저도 많이 배웠습니다."

제가 감히 그분의 지식과 경험을 평가할 수는 없습니다. 다만 이 대화를 통해 느낀 것이 하나 있습니다.

'나도 결국 눈에 보이는 결과로 사람을 평가하고 있구나. 모두가 알 만한 결과가 없다면 평가 자체도 만만치 않겠구나.'

블로그를 시작하면서 브랜딩이란 주제에 관심이 생겼습니다. 인스타그램도 사용했고 페이스북도 써 보았지만, 내 생각과 방향을 가장 잘 드러내 주는 것은 블로그였습니다. 글을 쓰는 재미도 블로그를 통해서 익혔습니다.

이웃들을 만나면서 블로그에 더 재미를 붙였습니다. 그들과 소통하고 서로를 조금씩 알아간다는 것은 매우 흥미로운 일이었습니다. 모르는 것도 물어보고 조언도 구했습니다. 격려를 받으며 용기도 얻었습니다. 그렇게 이웃들과 친해지며 어느 순간 블로그에서 사라지는 이웃도 있다는 것을 알았습니다. 처음에는 바빠서 시간이 없나 생각했는데, 다시 돌아오지 않는 이웃들이 점점 늘어나더군요. 새로운 이웃들로 다시 채워지기 때문에 기억 속에서 잠시 잊혀지기도 했습니다. 그러다 문득 예전 댓글을 보면서 그들의 안부가 궁금해졌습니다. 나보다 훨씬 영향력 있고 댓글도 많이 달려서 부러워했던 이들이 왜 블로그를 그만두는 것일까?

친해진 이웃들이 점점 '블태기'라는 말을 하기 시작했습니다. 블태기는 블로그와 권태기의 합성어입니다. 어느 정도 진행하다가 정체기를 맞는 것입니다. 충분히 이해가 가면서 문득 이런 생각이 들었습니다. '사람들이 왜 블로그를 할까? 내가 재미있게 블로그를 하다가 멈추면 나에게 남는 것은 무엇일까?'

『나를 증명하라』를 쓴 조연심 작가의 퍼스널 브랜딩 전문 강의에서 히트작이란 표현을 들었습니다. 어떤 목표의 점수나 수상 내역, 구독자 수, 방송 출현, 책 쓰기, 논문 등 자신이 가려고 했던 방향에서 히트작이 나오면 그때 쉬라고 말합니다. 시장에서 잊히는 것은 순간입니다. 하지만 히트작이 있으면 나중에 어떤 식으로든 다시 시작할 수 있습니다. 무슨 일이든 임계점을 넘어야 합니다. 중간에 그만두면 끓다 만 물이 됩니다. 한번 수증기로 변한 물은 다시 돌아오지 않습니다.

블로거들이 1일 1포스팅을 하는 이유는 무엇일까요? 글쓰기 연습일 수도 있고 자신을 알리기 위함이기도 합니다. 그것을 통해서 작가든, 책이든, 애드포스트든, 자신이 하는 일에 추가적 결과를 만들어내는 것입니다. 그렇다면 원하는 결과에 맞게 블로그를 해야 합니다. 인정받을 만한 결과를 만들어낸 다음에는 숨을 고르면서 글쓰기를 좀 천천히 해도 괜찮습니다. 목적 없이 블로그를 하다 보니까 지치게 되는 것이죠. 아웃풋을 목표로 정해 놓아야 어떤 인풋이 필요한지 알 수 있습니다.

어떤 일이든 꾸준히 하는 걸 넘어서 앞으로 만들어낼 히트작을 시각화시키는 작업은 꼭 필요합니다. 그래야 나아가는 추진력을 잃지 않습니다. 앞으로 계속해서 나아갈 추진력은 소소한 성취를 통해 유지할 수 있습니다. 무언가 성취하고 인정을 받지 못하면 꾸준히 하기가 어렵습니다. 어떤 일이든 남들이 인정해 줄 만한 것을 목표로 삼기를 추천합니다. 혼자만의 성취도 좋지만, 남들에게서 인정을 받는 히트작을 만들어 보길 바랍니다.

One Point Pick !
인내력을 잃지 않고 꾸준함을 유지하기 위해서는 성취감을 느끼게 해줄 히트작이 반드시 필요하다.

· 브랜딩하라 ·
스펙이 아닌 포트폴리오 시대

브랜딩의 기초는 인터넷 검색창에서 검색되는 나를 만드는 것입니다. 나의 기록을 데이터로 꾸준히 축적해야 유수의 인터넷 검색창에 나를 검색할 수 있습니다. 조용히 책상에 앉아 나의 모든 것을 일기에 표현한들 알아줄 사람은 아무도 없습니다. 내가 무엇을 하든지 주변에 이야기하고, 전체 공유가 되는 곳에 나를 표현하길 추천합니다.

제가 한창 건강 서적에 관심이 많을 때였습니다. 책 한 권을 정하고 읽어 내려갔습니다. 처음 접하는 내용이라서 쉽게 이해가 되지는 않았습니다. 그래도 읽은 내용을 사람들을 만날 때마다 이야기했습니다. 우리가 왜 건강관리를 해야 하는지, 영양소가 왜 중요한지, 생활습관이 왜 중요한지, 휴식 시간에 커피를 마시면서도 이야기하고, 친구를 만나서 술 한잔하면서도 이야기했습니다.

"왜 오메가3가 중요한지 아세요?"

"뭐…. 대강은 알죠…."

"오메가3가 치매 예방에도 도움이 된다는 거 아셨어요?"

"진짜요? 아니요. 몰랐어요."

한참을 왜 그런지 설명해 주었습니다.

"에스키모인이 왜 심혈관 질환이 없는 줄 아세요?"

"아…. 그래요? 왜 그런가요?"

또 자세히 설명해 주었습니다.

며칠이 지나고 나서 그분이 저에게 묻더군요.

"요즘 많이 피곤한데 이럴 때는 뭘 먹어야 하나요?"

"그걸…. 왜 저에게 물으시죠?"

"건강 박사잖아요."

그저 건강 관련 책 한 권 읽었을 뿐인데 나를 그렇게 인정해 주니 신기했습니다.

제대로 읽은 한 권의 책이 누군가에게는 브랜딩된 나를 만들어준 다는 것을 알았습니다. 중요한 점은 혼자만 알고 있는 것이 아니라 누군가에게 말로, 글로 이야기해야 한다는 것입니다. 그것이 쌓이고 쌓여서 그 전의 내가 아닌 브랜딩된 나로 인식됩니다.

블로그에 꾸준히 1년 가까이 글을 올린 어느 날, 어떤 분이 댓글을 달았습니다.

"어? '행동하는독서' 님의 글이 좀 바뀌었네요."

좀 색다른 글을 썼더니 금방 알아봐 주는 분들이 생긴 것입니다. 너무나 감사한 일입니다. 자꾸 표현하면 기대하는 누군가가 생기고, 좋아해 주는 이웃들이 생깁니다. 자신이 좋아하는 일, 경험했던 일, 자신의 직업 등 다양한 나만의 것들을 공유하는 연습을 해 보세요. 그것이 나를 알리는 포트폴리오가 됩니다. 이제는 스펙의 시대가 아니라 포트폴리오 시대입니다.

만약 자신만의 전문 분야에 관한 내용으로 책 한 권을 낸다면 어떻게 될까요?

이혁백 저자는 『하루 1시간 책 쓰기의 힘』에서 자신의 작은 경험 하나가 책을 쓰는 재료가 된다고 합니다. 비록 하찮고 부끄러운 경험이라도 글로, 말로 표현해 사람들에게 전해지면 공감은 물론 도움이 될 수도 있습니다. 오프라 윈프리가 부끄러운 자신의 과거이지만 당당히 밝히고 공감을 끌어낸 후 더 크게 성공할 수 있었던 이유입니다.

독서 후 읽었던 내용을 주변에 이야기하며 얻게 된 또 다른 점은 책의 내용이 아직도 기억에서 잊히지 않는다는 것입니다. 책을 읽고 강산이 한번 바뀌었는데도 기억납니다. 물론 완벽히는 아니지만, 아직도 이야기해 줄 것들이 있습니다. 머리만이 아닌 온몸으로 기억했기 때문입니다. 또한 기억할 내용을 그림으로 연상하면 오래 기억된다고 합니다. 행동을 함께하면 그 상황 자체가 기억으로 자리 잡는 효과가 있습니다.

배운 것이 제대로 습득되었는지 궁금하다면 다른 사람을 가르쳐 보면 알 수 있습니다. 남에게 공감을 불러일으키고 충분히 잘 전달할 정도가 되었을 때 진정으로 '아는 것'이 될 수 있습니다. 상대의 공감은 나에게 피드백이 되기 때문입니다.

아는 것을, 배운 것을, 경험한 것을 표현하고 이야기하세요. 그것을 타인에게 글로써 말로써 전달하고 공유하면 나의 발전에 엄청난 힘과 에너지를 선사해 줍니다.

One Point Pick !
내가 경험한 것을 말과 글로 표현하면 그것이 나의 포트폴리오가 된다.

· 브랜딩하라 ·
나만의 무대에서 인생을 연출하라

'나는 어떤 사람이 되고 싶은가?' 이에 대한 정의를 내리는 것은 매우 중요합니다. 어떤 모습을 지향하는지 방향을 알아야 그에 걸맞은 노력을 할 수 있으니까요. 사람들은 내가 보여 주고 싶은 것을 봅니다. 물론 시간이 지날수록 자연스럽게 다른 부분들도 드러나긴 하지만, 오랜 기간 만나지 않으면 겉으로 드러난 부분으로 판단하기 쉽습니다. 그래서 내면과 외면을 두루 가꾸어야 합니다. 그중 먼저 드러나는 쪽은 외면입니다. 외면으로 어필하지 못하면 내면을 보여 줄 기회조차 없습니다.

두 달 전 교통사고로 병원에 입원해 있을 때였습니다. 로비의 책장에 그동안 읽고 싶었던 알베르토 망구엘의 『독서의 역사』라는 책이 꽂혀 있었습니다. 퇴원하기까지 시간이 얼마 없었으므로 빨리 읽어야 했습니다. 로비에서도 입원실에서도 계속 그 책을 읽었습니다. 그때 같은 병실에 있던 젊은 환자분이 저에게 말했습니다.

"책을 엄청나게 좋아하시네요. 여기 오신 후로 책 읽는 모습만 본 것 같아요."

"네, 책을 좀 좋아합니다."

그런데 그 말을 듣고 난 후 제가 더욱 '독서가'라는 이미지에 맞게 행동하려고 하더군요. 그런 평가를 듣고 나니 그 책을 다 읽고도 그냥 있기가 뭐 해서, 아니 그런 모습을 더 보여 주어야 한다는 의무감이 들어서 다른 책을 이어서 읽었습니다. 작은 병원이었지만 좋은 책이 많았습니다. 이 병원에서 책 읽는 사람은 저밖에 없었던 것 같습니다. 그래서 더 눈에 띄었나 봅니다.

중국 장원칭 저자의 『심리학을 만나 행복해졌다』를 보면 첫 페이지에 '미러링 효과'에 대한 글이 있습니다. "자아 관념은 타인과 교류하면서 형성되고 타인의 견해를 반영한다. 또한 자신에 관한 생각은 타인으로 인해 생기며 타인의 태도로 결정된다." 즉, 타인이 '나를 어떻게 생각하는지'가 '나에 대한 자아 인식'을 만들어준다는 것입니다. 마치 거울을 보듯이 말입니다. '거울 속의 나'가 '진짜 나'를 만들어 갑니다. 자아관이 바뀌면 행동 변화까지 일어납니다. 누군가의 평판이 병원에서 더 책을 읽고 싶게 만드는 것처럼 말이죠.

이처럼 우리는 주도적으로 살아가는 것 같지만 주변 환경과 사람의 평가에 신경을 많이 쓰고, 그것을 통해 다른 삶을 살아갈 수도 있습니다. 어떤 일을 꼭 하고 싶다면 주변에 알려 공식화할수록 이루기 쉽습니다. 주변의 평가대로 자신을 인식할 확률이 높기 때문입니다. 긍정적 평가는 자신을 더욱 확신하도록 만들어줍니다.

반대로 부정적 평가에 대해서는 '주도성'을 발휘하게 합니다. 아직 내가 사람들이 인식할 정도로 뛰어난 것처럼 보이지 않기 때문입니다. 따라서 어떤 일을 할 때는 '지금의 나'를 그대로 인식해 줄 새로운 사람을 만나는 것이 필요합니다. 조금만 연출해도 아는 사람이라면 "무슨 일 있어? 달라졌네?"라고 말하겠지만, 처음 만나는 사람들은 원래 그런 사람으로 여길 것입니다. 그리고 그 모습이 자신의 정체성이 됩니다.

조던 B 피터슨의 『12가지 인생의 법칙』에 나오는 "당신에게 최고의 모습을 기대하는 사람과 만나라."라는 메시지도 이와 비슷합니다. 그런 사람들과 어울릴 때 나도 최고의 모습을 보여 주려고 애를 쓰게 됩니다. 그리고 그것이 곧 '지금의 나'가 됩니다.

별 볼 일 없어 보이는 현재의 내 모습을 "나는 원래 그래."라고 말하는 것만큼 바보 같은 말은 없습니다. '원래 그런 나'라는 것은 없습니다. 그냥 지금의 내 모습입니다. 바뀌려고 노력하면 얼마든지 바뀔 수 있는 모습이 진짜 내 모습이 됩니다. 사람들은 보는 대로 믿기 때문입니다. 시간이 조금 흐른 뒤 나를 아는 사람들의 나에 대한 평가도 바뀝니다.

"네가 한다고 되겠니?"와 "네가 성공할 줄 알았다!"라는 말은 내가 만든 이미지에서 비롯됩니다.

One Point Pick !
당신에게 최고의 모습을 기대하는 사람과 만나라!

· 브랜딩하라 ·
무엇을 브랜딩할 것인가

　　　　　　브랜딩이란 표현이 일상용어가 되어 가는 요즘, 자신이 내세워야 할 것이 무엇인지 고민을 합니다. 내가 하는 일, 달성한 성과, 좋아하는 취미, 모두가 브랜딩이 될 수 있습니다. 하지만 중요한 점은 타인이 금방 인식할 수 있어야 한다는 것입니다. 내가 좋아하는 것을 열 가지 나열만 해 놓는다고 브랜딩이 되지는 않습니다.

서로의 일이 바빠 오랜만에 만난 친구가 물었습니다.

"요즘 뭐 하고 지내냐?"

"요즘 무척 바빠."

"뭐 하는데?"

"음... 잘 이해할지 모르겠네. 작년부터 글을 쓰기 시작했어. 사람들과 독서에 관해 이야기도 나누고, 도서관 프로젝트도 진행하고 있지. 팟캐스트도 하고, 유튜브도 시작했어. 북텔링도 하고 있고, 책도 낼 예정이야."

몇 가지를 더 설명했는데 친구는 내 눈만 바라보다가 다시 묻습니다.

"그래서 하는 일이 뭔데?"

"방금 다 이야기했잖아…."

"뭔 소린지 하나도 모르겠어."

입장을 바꿔 놓고 보니 정말 이해하기 쉽지 않겠다는 생각이 들었습니다.

"블로그 한다고!"

"아… 진작 그렇게 말하지. 뭐가 그렇게 장황해?"

"블로그 하는 사람들과 그런 걸 함께 해 보려고 하고 있어."

"그런데 언제 시간이 나서 그런 걸 다 하냐? 네가 하고 싶은 게 뭔데?"

그 친구는 인스타그램도 하지 않습니다. SNS라고는 카톡 외에는 없습니다. 블로그 세계도 잘 모릅니다. 온라인 세상에 대해 잘 모르는 친구에게 블로그에서 하는 일들을 먼저 설명하니 도무지 무슨 말인지 이해될 리가 없습니다. 그래서 생각했습니다.

'아무것도 모르는 사람들에게도 내가 하는 일이 무엇인지 짧게 설명할 수 있어야 하겠구나.'

"나는 '행동하는 독서'라는 브랜드를 만들었어. 앞으로 독서를 통해서 자신의 삶이 변화될 수 있도록 사람들을 이끌고 싶어. 그 목적으로 여러 가지 활동을 해."

"아, 그렇구나. 잘해 봐."

친구와 대화를 하면서 배운 게 있습니다. '내가 하는 일을 줄줄이 나열한다고 해서 내가 무엇을 하는 사람인지 잘 표현할 수 있는 것은 아니구나.'라는 것이죠. 역시 '왜'라는 주제가 필요합니다. 내가 추구하는 가치와 철학이 있어야 한다는 것입니다. 브랜딩이나 마케팅은 인식의 싸움이라고 흔히들 말합니다. 실제로 내가 하는 일이 무엇인지보다 사람들 머릿속에 어떻게 인식되고 기억되는지가 중요합니다.

비슷한 사례가 있습니다. 30년 만에 유튜브를 통해서 친구를 찾았습니다. 너무 반가워서 술 한잔했습니다. 참 많은 일을 하더군요. 며칠 후에 다른 친구에게 그날의 일을 이야기했습니다.

"오랜만에 만났더니 정말 반갑더라."

"그래? 정말 반가웠겠다. 그동안 어떻게 지냈대?"

"작곡도 하고, 강의도 하고, 유튜브에서 연주도 하고, 학원도 운영하고 나름 바쁘던데."

"뭐가 본업이야?"

"그러게. 듣고서도 잘 모르겠던데…."

지금 생각해 보니, 그 친구가 어떤 것을 추구하는지 물어보지를 않았습니다. 분명 그 친구에게도 자신이 추구하는 근본적인 '왜'가 있었을 텐데 말입니다.

홍성태, 조수용 저자의 공동저서 『나음보다 다름』에서도 이 부분을 강조합니다. 나이키는 처음이나 지금이나 'JUST DO IT'을 지킵니다. 이 문구가 우리에게 주는 메시지는 확실합니다. '하면 된다'입니다. 애플은 'Think different'를 추구합니다. 뭔가 다른 제품을 만들어서 세상에 내놓는다는 철학이 확실합니다. 이것이 브랜드의 차이를 만들어냅니다.

기업도 개인도 마찬가지입니다. 그 기업이 어떤 철학을 수행하기 위해서 지금의 활동을 하는지를 알면 금방 이해가 됩니다. 앞으로 할 일도 설명됩니다. 장황하게 했던 일이나 앞으로 할 일을 나열하면 혼란스럽기만 합니다. 우리도 어떤 삶을 살고 싶은지 먼저 명확하게 정의 내려야 합니다. 그 가치를 실현하기 위해 어떤 일을 하는가가 중요합니다. 브랜딩은 여기서 시작됩니다.

자신의 꿈을 정의하고, 나의 사명, 역할 등을 먼저 적어 봅니다. 지금 자신이 왜 이 일을 하고 있는지 명확하게 생각해 보아야 합니다. 자신이 세운 철학과 가치에 맞는 일인지 고민해 보아야 합니다. 그러면 그것은 더 이상 일이 아닌, 사명으로 다가올 것입니다. 그것을 다른 사람과 공유할 수 있으면 그것은 비전이 됩니다. 우리가 나누어야 할 것은 비전이지, 지금 하는 활동이 아닙니다.

One Point Pick !
어떤 삶을 살고자 하는지가 브랜딩의 방향이다!

지금,
당장 행동하는 힘!

이 책은 '우리가 무언가 이룰 수 없는 것은 행동하지 않기 때문'이라는 아주 간단한 개념에서 출발했습니다. 이런 간단한 개념을 책한 권으로 풀어낼 이야기가 있을까? 의문을 던질 수도 있습니다. 하지만 간단한 개념일수록 오히려 이해하기 어렵거나 알아야 할 세부내용이 더 많은 경우도 있습니다. 무언가를 기획하고 행동할 때 자꾸 주저하는 이유는 처음부터 많은 내용을 알아야 시작할 수 있다는 생각 때문입니다. 오히려 완벽한 계획이 우리의 발목을 잡고 있을지도 모릅니다. 100% 준비가 될 때까지 기다리다가는 아무것도 시작하지 못합니다. 10%만 채워져도 일단 시작하면 어디든 도달하게 되어 있습니다. 책을 수백 권 읽고 준비해도 계획은 끝이 없다는 사실을 알게 되면 좌절할지도 모릅니다. 무언가 하고 싶은 것이 생겼다면 일단 어떤 식으로든 바로 시작하기를 바랍니다. 저도 일단 시작하고서 알게 된 것이 대부분입니다.

제가 책을 쓰면서 배운 것은 작고 사소한 시작들이 모여 책을 만들어낸다는 것입니다. 아마 처음부터 '책을 써보자.'라고 시작했으면 엄두도 못냈을 겁니다. 저는 작게 시작했습니다. 독서 리뷰를 무작정 쓰기 시작했고, 어느 날은 제 경험 위주의 글을 쓰고 싶어 일기처럼 써보기도 했습니다. 이 글들이 점점 길어지자 책을 출간하고 싶은 욕심도 생겼습니다. 나름대로 정리한 원고를 출판사에 보내 거절 메일을 받고 좌절하기도 했습니다. 그 이후에는 한동안 글을 쓰기가 어려웠습니다. 내가 경험한 것을 적는 것과 작문은 다른 차원이라는 생각을 하며 잠시 슬럼프에 빠지기도 했습니다. 하지만 멈추지 않고 다시 쓰기 시작했습니다. 그렇게 시작된 하루하루가 모여서 출간으로 이어졌습니다. 이러한 과정들 사이에는 좌절도 많았지만 가능성의 싹을 보는 순간도 많았습니다. 좋은 결과로 이어지자, 작은 성취들은 앞으로도 무엇이든 해낼 수 있다는 자신감을 안겨 주었습니다. 분명 시간이 지나면 더 좋은 작품을 쓸 수 있을 거라는 자신에 대한 믿음도 주었습니다.

최근에는 소설 공모전에 출품을 했습니다. 한 번도 써본 적 없는 소설인데 어떻게 공모전에 도전할 생각을 했을까요? 원리는 똑같습니다. 'JUST DO IT!' 그냥 무조건 해 본 겁니다. 그 공모전 덕분에 한편의 단편소설을 쓸 수 있었고, 마감 시간 안에 글을 마무리하는 경험도 해 보았습니다. 물론 보기 좋게 떨어졌습니다. 그렇다고 이를 실패라고 볼 수 있을까요? 아닙니다. 덕분에 소설 한 편을 쓸 수 있는 사람이 되었습니다.

마음이 움직이면 그냥 해 보는 것입니다. 막상 쓰기 시작하니 시점에 대해서도 고민해 보게 되고, 이야기 구성도 생각하게 됩니다. 이제는 시도 써 보고 싶어집니다.

저처럼 여러분도 그냥 해 보면 됩니다. 나가서 사람을 만나고, 이야기를 걸어 보고, 쓰고 싶은 것이 있으면 빨리 써 보면 됩니다. 배우고 싶은 것이 있으면 바로 학원에 등록하거나 책을 읽어 보시길 바랍니다. 그런 작은 행동들이 모여서 새로운 길이 만들어집니다. 누군가 만들어 놓은 길만 따라가려고 하지 않았으면 좋겠습니다. 이미 많은 사람이 거쳐 간 길로 시작했더라도 자신만의 길을 지금부터라도 만들어 가기를 바랍니다. 자신이 직접 운전한 길은 다시 찾을 수 있지만, 남이 운전해서 지나간 길은 찾아가기 쉽지 않습니다. 스스로 길을 개척하는 정신을 잊지 않았으면 합니다. 쉬운 길만 따라가다 보면 진짜 자신만의 길을 찾을 수 없을지도 모릅니다. 타인을 이끌어 주기 위해서는 자신만의 주도성과 독창성이 필요합니다.

작은 시작은 의도치 않은 다른 길로 이어지기도 합니다. 도중에 생각지도 않았던 조력자들을 만나 함께하게 될지도 모릅니다. 이런 노력의 시간이 모여 자신의 습관으로 이어지고, 결국 자신만의 정체성이 될 것입니다. 자신만의 독창성을 가진 사람들이 많아져 소통을 이루고, 서로간의 더 행복한 긍정의 공유가 이어지기를 간절히 바랍니다.

항상 승자처럼 행동하면
결국에는 승리하게 해주는 정신적 힘이 생길 것이다.
아서 애시

유능한 자는 행동하고, 무능한 자는 말만 한다.

조지 버나드 쇼

행동의 가치는 그 행동을 끝까지 이루는 데 있다.

칭기즈칸

좋은 평판은 좋은 의도와 마찬가지로
많은 행동으로 얻어지고, 하나의 행동으로 잃게 된다.

제프리 경